本书受到
中山市文化体制改革项目
和中共中山市委党校资助

THE TRANSFORMATION

OF

NEWSPAPER GROUP

AND

THE DEVELOPMENT OF

IMAGE RESOURCES

报业转型与图片资源开发

NEWSPAPER GROUP

党西民 著

社会科学文献出版社

SOCIAL SCIENCES ACADEMIC PRESS (CHINA)

序　言

"读图时代"是读者对今天的新闻出版生态环境的一个概括。从文字到图像的重心转移，决定了图像资源是传媒产业重要的内容资产，也是"读图时代"最具影响力的传播方式。

新闻摄影、新闻漫画曾经是主要的新闻表达方式。随着融合媒体时代的到来，数据新闻可视化、视频新闻、动漫新闻等也都成为受众喜闻乐见的新闻载体。开发好、管理好、传播好新闻图像，是今天主流新闻传媒不能忽视的业务领域。在日益开放的共享网络化环境中，公众手里的智能手机、数码相机、平板电脑等，能随时随地制造出大量的新闻图像。新闻图像虽然丰富多彩，海量涌现，但是菁芜并存，真假杂糅。这也从另一个方面说明，新闻图像的领域，是文化竞争之地。

我国报业传媒集团具有长期发展的光荣历史，具有优秀人才辈出的实力积累，具有日积月累形成的信息库和图像库资源。昨日的新闻是今天的历史，今天的新闻预示着明日的世界。新闻图像对于大千世界而言虽然是沧海之一粟，光谱之一线，但也是不可或缺、不可复得的宝贵资源。

我国的新闻传媒事业从开始集团化改革以来，侧重点一般都放在适应市场经济和读者新闻的变化而灵活开展经营以及优化管理方面，对于报业新闻内容资源的管理和深度开发，还较少注意到图像新闻方面。新闻图像的著作权或署名权，相对比较敏感，如何开发和共享新闻图像研究得也不够。从过去的报网结合到报网分家，到以网改变报纸，再到最近的中央厨房，技术的改进和运营管理体制的改革，越来越呼唤对图像资源的保护和开发，甚至需要打破原有行政管理的界限，在市场化和法治化的条件下，在保证党对新闻舆论阵地有效领导的前提下，实现传播效益的最大化。整合与发展图像资源，是一系列复杂的工作，既需要传媒集团的顶层设计，又需要有相当程度的战术配合，还需要在技术的迭代性和方法的创新性上相结合。

本书的作者党西民先生在取得了文学博士学位以后，主动到深圳报业集团从事博士后研究。他原来所作的博士学位论文，是关于视觉文化的研究，他对于读图时代的特点以及社会审美认知趋势有清晰的把握。在博士后研究阶段，他从理论层面回到实践基地上来，经过大量调研，深入采编一线，与记者、编辑和管理人员打成一片，又到全国一些报业集团进行考察和对比，积累了大量的第一手资料。同时他也认真研究了当代国际媒体集团的图像资源的管理开发经验，将理论和实际结合起来，锐意思考，大胆设计。他在本书中从报业集团的图片库建设谈起，论述了图片库建设的优劣、图片采编系统对报业转型的推动作用，进而论述了图片网站的建设，以及报业集团如何"走出去"，主动迎接"互联网＋"的挑战，进行共享图片库的建设。全书既有国内发展的数据支撑，也有国外的经验做参考。对于希望革故鼎新、实现凤凰涅槃的传统报业集团来说是很有建设性意义的。在全书中，作者没有掩饰自己对传统媒体集团发展前景的忧患意识，这种忧患意识是社会责任、政治责任和学术良知的体现。即便是书中对于图像资源开发的模式有些理想化设计，也是一家之言，有待未来实践发展的检验。

吴予敏

2017 年 4 月 22 日

Contents // 目 录

绪 论

上篇　报业集团图片库的建设、发展和开发

中篇　新闻图片网的建设和发展

下篇　社交类图片网站的建设和开发

◎

绪　论

1 国际纸媒的不景气与国内新闻业的困境

1.1 国际纸媒的现状

国际上，经济压力的不断加大导致新闻专业主义精神受到挤压，使新闻业的生存压力越来越大。"来自金融市场使投资者回报最大化的压力正在减少公共所有制传媒企业投资在新闻编辑室和内容生产上的资源。这就意味着降低了这些公司所生产的新闻和娱乐产品的质量，尽管减少新闻编辑室的资源和降低内容的质量之间的关系还没有被完全确定。"[①] 资本的流动性和逐利性造成资本市场不断抛弃报业中难以产生利润的部分，不断转向回报高和回报快的新领域。投资机构在报社中的地位不断提升，报社受到了来自经营资金的压力，收益成为报社走出困境的前提条件。"报纸的收购在全美各地的编辑部都有发生。总有新闻爆料说有人正在购买报纸，当然是以非常划算的价格购买。"[②]

影响力方面

报纸的销售数量逐渐下降，导致其影响力逐渐下降。以《基督教科学箴言报》为代表的多家报纸已经取消纸质版本，改为电子版。《基督教科学箴言报》声明："2009 年，本报将成为美国首

---

① 阿兰·B. 阿尔瓦兰主编《传媒经济与管理学导论》，崔保国、杭敏、徐佳等译，清华大学出版社，2010，第 42 页。

② 卡里·斯皮瓦克：《报纸的新拥有者》，杨晓白编译，《青年记者》2013 年 2 月上旬。

家以网络版替代纸质版在全国发行的日报。"有许多报纸逐渐专注于发展自己的电子版。从报纸的影响形态来讲，报纸的影响力从线下转向线上，用户在哪里，影响力就在哪里。报纸的影响方式将随着传播方式的改变而改变。

广告方面

2010 年，美国互联网广告的数量已经超过了纸质媒体广告的投放量。2011 年之后，中国纸质媒体广告的投放量呈现"断崖式"下跌，互联网广告却迅猛发展，每年都在以 40% 的速度增长。2013 年百度超过央视，成为中国最大的广告公司。由此可见，报纸广告投放量是在减少，但从其减少速度来讲，声称报纸消亡是耸人听闻之语。

社区报的兴起

美国传统大报的销售量虽然呈现持续下降的趋势，但是社区报、小报和免费报的发行量呈现少量增长趋势。由于社区报更加关注本地生活，能够营造本地文化氛围，所以"式微的中心城区大报被周边社区报包围"，从发行数字来看，"美国 98% 的报纸是小报"。①

电子报的收费前景不明朗

报纸的电子版是否收费这一问题仍然处在胶着状态，目前成功实现收费的报纸的电子版主要有经济类报纸（如《华尔街日报》）、体育类报纸、有高度公信力的报纸和其他个性化报纸。其他的主流报纸虽然收费，但是收费情况并不理想。总体来看，电子版收费远远不能弥补印刷版报纸广告收益的下降。

报业面临数字化的格局重建

文字记者和编辑面临失业的可能。报纸有两大核心竞争力，一是文字报道，二是图片报道。颠覆性技术导致报业将一步一步

---

① 岜凡：《访美国社区报研究专家 Jock Lauterer》，《传媒》2010 年第 10 期。

地丧失以文字采写能力为主的核心竞争力。由于当代数据库的建设，计算机智能分析能力的加强，智能写作在写作规范、叙事模式以及各种手法的抽取能力方面有了进一步完善，智能写作正在逐渐颠覆已有的人工采编系统和模式。"Narrative Science 软件设备能写各种类型的文章：体育报道、财经报道、房地产分析报告、地方性社团相关文章、民意调查报告、广告企划案小结报告、销售报告、市场调研报告。总体说来，就是那些基于数据的，有固定模式的行业性文章。"① 《连线》杂志预测，未来 Narrative Science 软件撰写的新闻稿将占新闻稿总数的 90% 以上，这可能造成大批新闻从业人员失业。目前，人工智能的兴起，智能写作已经成为常态，正在从实验状态走向实践。

在文字采编管理上，报纸的记者应该积极应对颠覆性技术的挑战，抓住技术优势，推进精编工作，提升采编能力。报业必须不断寻找除文字之外的报道优势，图像则是传统报纸所应该报道的优势。

1.2 国内报业的发展现状

新闻业的发展空间较大

目前，我国改革和社会发展处在攻坚阶段，而新闻业对社会各个领域的深度挖掘和分析还在路上，新闻产品的深度价值还未能充分展现出来。新闻产品的质量和用户的需求存在一定的距离。新闻业的舆论监督力度虽然越来越强，但相对显得较弱，报纸的舆论监督往往在时间、范围上不及网络媒体。新闻业在引领社会发展、推动社会进步方面的作用还没有充分体现出来。传媒行业在产品质量的提升、品牌的打造和对用户的关注上还存在很大的

①　程晓筠：《Narrative Science 软件将让记者失业？》，《外滩画报》2011 年 10 月 27 日，第 461 期，http：//www.bundpic.com/2011/10/16257.shtml。

发展空间，定位明确、影响力大、受众黏性强的媒体必然有其广大的发展空间。

传媒市场的格局发生变化

由于报业市场的有限性，传媒产品将在竞争中不断抢夺现有的市场份额，扩大各自的影响力，在市场的变化中不断寻找自己的市场地位，各种传媒产品最终呈现一种相对稳定的比例，让新闻市场处于一种既不断竞争，又相对协调的环境。这在报纸行业不但体现为一种零和博弈，而且由于整体发展空间的缩小，一部分报纸将会衰落，淡出市场，另一部分报纸会因为激烈的竞争，其发行量逐渐下降，直至降到恰当的位置，还有一部分报纸由于其强大的宣传功能和社会影响力，将逐渐蚕食其他报纸的市场，其业绩缓慢增长。

报业市场份额在减少

世界著名传媒经济学家皮卡德认为，报纸经历了四个阶段：15 世纪以前是"引入期"，15 世纪初至 19 世纪末为迅速增长的"成长期"，20 世纪是平稳的"成熟期"，21 世纪以后处于缓慢下滑的"衰落期"。在这个过程中，报纸的市场份额逐渐减少，其他传媒行业的影响力和市场份额逐渐增加。同时，传媒市场的格局在不断发生变化，新的传媒形式不断出现，获取信息的渠道从以报纸为主逐渐转为多元化。传媒形式的替代变化见表 1 - 1。

表 1 - 1 传媒形式的替代式变化

阶段	传播形式	特征
第一阶段	报纸、期刊	纸媒独霸市场
第二阶段	报纸、期刊、电视	纸媒广告排名第一，电视出现
第三阶段	报纸、期刊、电视、网络	电视广告超过纸媒，网络出现
第四阶段	报纸、期刊、电视、网络、手机	网络广告超过纸媒，手机广告出现

续表

阶段	传播形式	特征
第五阶段	报纸、期刊、电视、网络、手机、移动终端等	网络广告超过电视广告，终端广告迅速发展

第一阶段，报纸和期刊的影响力和广告收入独霸市场；第二阶段，电视开始出现；第三阶段，网络开始出现，电视广告投放量逐渐超过纸媒；第四阶段，网络广告量逐渐超过报纸，并强劲增长，逐渐接近电视广告（目前正处于这一阶段）；第五阶段，移动终端快速发展，传媒业传播方式发生转移。

报纸的典型线下特征

报业积极介入读者的生活，其典型的线下特征使报纸扎根在读者的生存空间中。所以，在美国传统大报逐渐衰落的今天，许多社区报和免费报纸则稳步发展。显然，这些报纸都具备与读者接近的特征，充分开发这一特征，才能使这些报纸获得更进一步发展的空间。

报纸的内容以文字、图片为主，这是报纸的静态化形态所独有的。随着读图时代的来临，图片有望成为报纸内容变革的重要领域。文字的速读化和深度化则成为报纸文字发展的主要路径。

报纸的阅读地点受空间和时间的限制。传统报纸的阅读空间主要为办公室和家庭，所以，传统报纸在受众的选择上以上班族（党报、都市报定位）和家庭（晚报定位）为主。而在一线城市，地铁报发展迅猛，一度有蚕食其他报纸市场的迹象。这主要是地铁报占据了人流量最大的地铁路线，解决了阅读时间（在上班时间——精力较充沛的时间段）、阅读空间（在路途中，读者处在面对陌生人的无聊状态，地铁报有效地填补了这种阅读空间）、阅读内容（地铁报目前着重针对上班族，所以其内容新鲜火辣，又具备现代社会的节奏感和时尚感）的问题。由于国内的地铁报的市场还不够饱和，其发展潜力还没有被充分激发出来。地铁是移动的空间，这种空间决定了其对字体字号的要求较高，加大图片报道的力度，有利于消解来自移动过程中的阅读不适，这样的阅读设计才是根据人体工程学原理所做出的。

产业链过短、过细，抵抗风险能力较弱

我国报业集团的主业是报纸。在报纸的生产、流通和发行中，已经形成了明晰的产业链。该产业链条以报纸广告为主导，虽然向上游和下游有所延伸，但是上游和下游的产业链较细，难以获得竞争优势。近几年，报业集团都在着力打造网络媒体，网络平台较多，甚至会出现"一报一网"的局面，在集团内部形成"几报几网"的格局。但是这种格局在同一层面扎堆的问题，在海量的信息采集和管理、线下组织、数据挖掘、用户管理、新闻信息深度加工和价值开发等方面缺乏优势。这些价值链环节要么发展得不够全面，要么价值链较细，难以在数字媒体上获得竞争优势。

舆论阵地与市场虚火过旺

国内纸媒发行上的征订造成纸媒的发行"虚火过旺"。征订的数字虽然能反映舆论宣传的阵地，但很难反映报业的市场现状。纸媒对舆论阵地的掌握就是要掌握内容，舆论是否被接受则另当别论。新闻业强调"走转改"，强调纸媒在舆论阵地上要落地，在市场上要有阅读量。实际上，市场占有量在很大程度上决定了舆论阵地是否会被成功占领。

报业集团对知识资产的管理不够完善，知识资产的增值功能没有得到充分体现

报业集团的内容资产呈现数量巨大、质量较高、种类多样的特征。记者在采访和编辑中产生了大量的文字、音频、视频、图片等内容产品，大多数产品仅使用一次便被丢弃。这些知识资产的存储、管理呈现散、乱、小的局面，使有些信息只能得到一次开发；有些信息既未能得到开发，又未能得到合理储备，在后续报道中无法被使用，造成传媒资源的浪费。报业集团缺乏对内部

资源的进一步整合与深度加工，也缺乏对内容产品深度增值功能的研究。

报业集团内容资产的统分结构不合理，同时出现内容资产闲置和匮乏的现象

国内大部分传媒集团都是当地报社和杂志社的综合体，但是这些报社和杂志社在内容管理上呈现各自为政的特点，每个报社都有自己的采编系统，都有自己的内容库，各个报社和杂志的内容资源很难整合到一起，甚至相互之间形成了一种相互排斥的局面。在这种局面下，报业集团的内部资源之间的相互利用和相互交换比较困难。虽然集团已经在组织管理结构形式上形成统分结合的模式，但是内容资源上的统分结合仍然流于形式。集团内部的合作不够，甚至集团内部合作的紧密程度还不如集团外部的合作。这样造成一些报纸和杂志某方面的内容资源长期闲置，而另一些报纸和杂志该方面内容极度匮乏。

全媒体是报业渠道发展的必然布局

一是报纸拥有大量的内容产品，但对内容的开发不足；二是内容缺乏相应的输出渠道，导致大量内容滞销，阻碍了内容开发的积极性，妨碍了社会价值和经济价值的实现；三是全媒体的渠道可以实现内容产品的多层次开发、多元开发，这是当代传媒发展的必然；四是渠道的建设，可形成报业集团的发展优势。

传媒集团存在着船大难掉头的困境

报业集团的大部分员工都是做报纸出身。报业集团的经营和管理模式对报纸有天生的依赖性。这种依赖性造成了在发展新产业的时候出现了严重的思维惯性和惰性。"许多成熟的公司的难题是，他们产品的成功使得他们对产品的依赖性增强了。从根本上改变产品的性能、潜在的结构体系，或相关的商务模型会损及业绩或产生大笔重新战略部署的费用。就像广泛热销的产品硬化了，被带给他成功背后的动机所僵化……这样的结果便是，在行业中确立地位的企业一般都没有去发展突破性技术的动机。"① 在成立大的传媒集团之后，报业集团对报纸业务的依赖、对报业管理模式的依赖导致其不但在拓展新业务上具有滞后性，而且在传统业务的突破方面也存在一定的滞后性。研发活动在企业创新中不仅越来越重要，而且会带来有效的高附加值。国内的报业集团缺乏对新产品的研发，对迅速变化的市场环境没有做出迅速、有效的反应。

政府对传媒企业的支持方式发生变化

我国逐渐通过事业和企业分开，企业运营、政府调控的方式有序推进传媒企业改革，希望通过非时政类传媒企业的转企改制来探测市场，实现传媒企业的稳步市场化。公共基金对传媒企业的资助更倾向于项目式的投资，通过项目申请、项目管理、规划和验收来使传媒企业摆脱对政府的依赖。对于报业集团来讲，培育和孵化有良好前景的传媒产品，会引领其在社会价值，经济价值上获得成功，将传媒企业引到良性和健康发展的道路上。

传媒管理机构的深度改革势所必然

2013 年，随着国家新闻出版广播电影电视总局的成立，报纸、广播、电视、电影和出版业的壁垒将逐渐减少和被打破，有助于解决各个机关之间的协调难的问题。我国传媒业将会面临相互参股、并购等浪潮，资本、采编和管理能力强的传媒企业未来将会不断扩张，购并小的传媒企业。

市场需求和宣传要求对报纸的转企改制设置了巨大的阻力。报纸拥有强大的社会影响力、较高的社会动员能力以及强大的宣传能力，这是报纸转企改制的死结，也是报纸不会消亡的症结。只有当报纸的影响力逐渐下降，下降到宣传部门已经不再将其作

---

① 〔加拿大〕唐·泰普斯科特、〔英〕安东尼·D. 威廉姆斯：《维基经济学——大规模协作如何改变一切》，何帆译，林季红审校，中国青年出版社，2012，第 178～179 页。

为舆论阵地的时候，这种状况才有可能得到改变。

笼统地讲报纸衰亡是一种对报业未来的恐惧；笼统地讲新媒体对报业的冲击，则是对报业现状的消极反映。纯粹地讲报业逆势而上的前景，则是报业不负责任的自夸。实际上，报纸的业态空间导致了报纸将会大幅度的调整。报业在市场份额的变化和竞争的博弈中不断改变。

公司治理是报业集团发展的必然

我国报业集团的成立一方面是为了适应社会和市场的潮流，另一方面是由相关政策引导，为了实现报业的集团化和规模化，做大做强传媒企业，提升传媒的竞争力。但报业集团经过十多年的发展，原有的整合创新机制已经完全发挥了效力，在实际运作中出现了规模不经济、范围不经济的现象。我国报业集团由于集中在本地市场，为了在本地市场上分一杯羹，原来明确的定位变得模糊，内容的同质化和竞争的同质化势所必然。报业集团对旗下的报纸和杂志尚未形成有效的管理，个别报社和杂志社在广告、客户、受众之间竞争激烈，导致报业集团内部协作的困难不断加大。集团和子报、子刊之间的扯皮造成集团的组织成本变大，遇到重大投资问题和发展问题时，各部门之间相互推诿，导致集团内耗过大。

法人主体和权利不明

报业集团法人主体单一，各子报内部的战略规划灵活性不足。各子报、子刊和子网由于没有法人主体，所以承担风险的意识不强，各报纸一方面将风险推向集团层面，另一方面积压风险，产生较高的风险管理成本。子刊、子报和子网的权利和义务不明确，在集团层面争夺资源，在责任面前相互推诿，造成组织协调成本过高。

1.3　报业在媒体格局中的地位

报纸虽然在传媒行业的格局中所占的份额越来越小，但也有其反攻的机会。传媒市场逐渐被电视、网络、户外媒体、终端等形式瓜分市场份额，报纸虽然难以直接向该类市场挺进，但是可以向相关的行业进军。进军新市场虽然不是报纸的强项，但只要将自己的内容和创新优势充分表现出来还是有很多机会的。

报纸内容的反弹

传统媒体在信息的审查和管理上比新媒体要严格。中国网民使用互联网和移动终端的比例远高于发达国家。在新渠道、新传播内容的对比下，报纸内容的死板和僵化将是内容发展上的致命问题。这主要表现在语言的灵活性、图片的新颖性、内容的多元性等方面。突破内容发展的困境，则是报纸必须争取的生存空间。

尝试进入网络图像行业

视觉效果越来越成为用户关注的焦点，报业集团可以尝试进入图像行业，突出文字和图片的结合，以及新的创意。虽然电视广告总量拔得全国广告的头筹，但是电视广告逐渐向视频广告转移，拥有大量的视频平台将会受到用户的青睐。

在终端发力

进入终端行列，突出文字、图片和软件的结合。向新媒体领域进军，通过科技创新找到移动终端的未来发展点。目前我国电视广告占媒体广告市场份额之首，网络广告稳居第二，纸媒广告虽然在不断下跌，但是跌幅逐渐减缓。新媒体和移动终端的广告份额在逐年增加，增加势头较快。报业必须借助自身生存的空间进入新领域，才能获得长足的发展空间。

进入户外媒体行列

报业集团拥有文字、图片和短片的优势资源内容。此外报业也拥有良好的线下经营经验，户外广告成为可以拓展的对象。

报纸向奢侈产品的转移成为一种可能

由于网络、终端的普及，免费新闻已经成为大路货。但是随着知识产权的完善，报纸的线下内容逐渐被重视。报纸的内容在时间维度、深度和集中度上具有其他产品不可替代的特性。在多媒体竞争空间中，报纸可以根据自身的特征，专注细分市场，走高端细分市场，成为较为高端的传媒产品。未来的报纸将不再是信息，而是一种生活方式，是一种高品位传播方式。

发展新媒体要忘掉自身的优势

发展相关新型产业和新市场，报业集团需要忘掉自身的优势，从而获得新的优势。台湾学者温肇东认为，"当战场不断改变，原有的优势不一定总能适用在新的战场里，甚至会成为束缚，'忘记力'（Unlearn）变得很重要"。[①] 战略竞争理论常常重视企业内部的竞争优势，通过这种优势在新的市场中获得机遇。但是在颠覆技术日新月异的今天，一旦新的传媒形式出现并成为一种颠覆性技术，会以迅疾的速度席卷全球，对其他产业造成毁灭性打击。传统报业集团拥有强大的采编优势，但这种传统的优势在颠覆性传播方式面前很容易成为包袱。例如，在信息海量搜集和整理上，大型的软件和模块不但取代了报业的采编人员，而且在速度、精确性和服务能力上远远超出采编人员。所以，报业集团需要在不断的技术更新中获得新的竞争力。

[①]　旷文琪、林宏达：《手机巨人为何倒下？——100 分的输家诺基亚》，《商业周刊》2011 年第 1233 期。

2 报业集团发展新媒体的困境和可能

2.1 报业集团发展新媒体遇到的困境

报纸的网站建设的同质性较强

国内报业集团都有新闻网站，有集团办网站的模式；也有一报一网的模式；还有一报几网的模式。这些网站都以综合类新闻为主，定位在本地，新闻内容重复性强。报业的网站经营都是小打小闹，拾人牙慧，造成重复投资和重复建设，相互之间形成低层次竞争。此外，与门户网站相比，报业网站的信息聚合能力缺乏竞争优势。由于网站前期投资过大，后期面临不断更新和不断发展的需要，报社的财力支持不足或者信心不足，导致报纸网站处在低层次的发展中。另外，报纸网站和新媒体形式在市场拓展和竞争中遇到的阻力过大，难以突破重围。

对内部资源的整合和开发不足，造成优势资源的浪费

报业集团的网站主要由多家报纸和杂志的内容集结而成，部分报纸拥有自己的网站。报社办网站是以栏目为基本单位，以本地的综合类新闻网发展为其定位。但是许多报业集团的子网未能打通，特别是未能从栏目层面上进行有序的组织和安排，相同栏目的内容资源没得到有效的开发，各子网的内容若要达到深度合作的要求，就必须要将网站建设成定位明确、影响力大的垂直型网站。在内容管理上，报业逐渐重视其独特的知识产权，但网站和新媒体建设未能形成有效的利益分割和价值交换，其难以达

到统分结合的目的。

报业集团新媒体的发展出现了低端重复、定位重复的现象

国内大部分报业集团不是根据受众的特点对内容进行分类，而是按照报社内部资源分类将信息推送出去。这种模式并不是以用户为中心的信息内容的生产方式。在发展过程中，这种模式形成了用户定位模糊，内容虽多但空，渠道虽多但弱的局面。例如，在报业集团的一报一网模式，该模式只是将本报纸的内容搬到网站上。报业集团报纸的重复性被延伸到网站上，导致网站内容重复、点击率低、互动性不足。这样的网站在整个过分饱和的网络市场竞争中，很难找到自己的位置。整个报业集团未能形成差异化和立体型竞争格局。报业集团的新媒体发展需要形成差异化、多元化和互补性的媒体生存空间，以便组建强大的"传媒航空母舰"。

过分依赖传统报纸的既有力量，造成转型升级存在困难

报纸属于传统纸媒，其互动性天生不如新媒体。传统媒体对受众参与内容的生成的重视程度不够，忽视受众贡献的内容（即UGC）。传统媒体与受众距离过大，在新媒体建设中变成了自说自话的形式，很容易被淹没在海量的信息中。报纸对以文字为主的传播方式的依赖过重，在内容的设计和视觉感受上与受众的互动性不足，对图像和视频内容开发不足。造成报纸的优势在网络中的变为劣势，员工的习惯性思维造成新媒体发展上的困境。

对信息产业的发展动向把握不足

报业集团重视内容的建设，但是对信息市场变化反应较慢，对于稍纵即逝的市场机会反应过慢。实施的大部分战略都是逐步跟进，使用学习策略，等其他报业有了成功经验之后再进行模仿。这种策略在条块分割的报业是比较安全的措施，但是在打破了地区界限的互联网领域，不但很难成为行业的引领者，而且新项目上线之后的机遇发生了变化。战略上的跟进措施，导致其很难先发制人，赢得用户。报业进入互联网后，因为人力资源有限，人力资源具有报业的习惯性思维，往往在新媒体领域创新不足。即使投入大批资金，也未能找到有效的引爆点，使新项目处于低水平运作中，很难打开新局面。

投资的冲动性和滞后性并存

报业在发展中遇到市场份额的逐步萎缩，往往寄希望于通过新媒体来缓解压力，转移报业发展的方向。在投资新项目的时候研究不够深入，匆匆入市，常常铩羽而归。在一些报业的新媒体发展战略中有很多是冲动性的投资，这些冲动都带有滞后的思维定式和执行力，最终惨败。另外，在项目战略建设过程中担心风险过大，一步一步丧失了发展机会。传媒集团的投资需要掌握市场发展的火候，掌握自身新媒体发展的节奏，在广告、受众市场逐渐成熟的情况下，占领阵地、占领市场，做到项目的稳步实施和投资战略的稳步发展相结合。

报业集团面临投资难的问题

新媒体行业对技术和资金要求高，进入门槛高，尤其是在执行"蓝海战略"之时。报业集团投资能力有限，在内容产业上融资能力不强，受到相关政策和法规的限制，民营资本很难进入，导致其在内容产品的建设中缺乏资金优势。集团主要通过切割经营项目，进行上市融资，但这种机会非常有限。例如，浙江日报报业集团通过融资，付出很大代价投资边锋游戏和数据挖掘公司。新媒体需要较高的技术和大量的资金支持，这些问题一直没能得到有效解决。

属地管理导致报业集团对发展新媒体产生惰性

报业集团的资产属于国资。在人事任命和组织管理上由宣传部门和组织部门共同管理，内容管理属于当地宣传部。多部门管理导致报业集团发展的掣肘较多，但同时又将希望寄托在几个主管机构上，希望其给予支持，这样的发展造成了投资和发展的惰性。在新媒体的运营和建设中，报业集团受到条块分割的限制，难以从本地区脱颖而出。报业所建设的网站、论坛，对于报纸有强烈的路径依赖，都局限在本地，难以拓展其空间。例如，青岛新闻网、金羊网、南方网、大众网等一大批网站虽成为本地门户，但这与本地区的定位有关，同时也限制了它们发展的空间。

新媒体的价值链发生了巨大变化，报业集团必须正面应对

新媒体的价值链由二次销售转向了多元增值的方式。即价值点不仅仅是广告，还有电子商务、网购、内容增值、多次开发等环节。其价值链涉及更广阔的领域：跨区域联盟，跨行业合作，跨媒体合作和发展，线上线下互动，产权管理与知识分享共存。新媒体将传统媒体的价值系统打碎了，新的价值系统需要建立在新型价值链的基础上才能形成强劲的力量。

新媒体的舆论管理发生了巨大变化

在新媒体环境中，舆论的管理越来越复杂，舆论的蝴蝶效应越来越强。其舆论管理和主流话语的引导不再是单向度的限制、规范、下命令，而是转向了以技术为手段，以话题管理为方式，以情绪疏导为基本模式，以时间、频率和节奏为基本向度的舆论管理。这导致了新媒体环境的舆论管理要求更高，难度更大。

对用户的研究不够深入

国内报业集团大都忽视对用户的数据分析，对用户使用媒介的习惯掌握不够，在内容营销上形成"盲人摸象"的局面。信息行业瞬息万变，报业集团需要在数据挖掘、数据分析和数据管理方面建立优势，提高对用户数据的挖掘、存储、分析、提纯，以及数据执行能力，实现对内容的精细化管理和对用户的精细化营销相对接。这方面，目前国内最先进的要属浙江日报报业集团，该集团投资知微、优微两家数据挖掘企业，专门从事用户习惯的整理和挖掘，全面深入地掌握受众的情况。

对渠道的掌控能力不足

新媒体行业需要对渠道有较强的掌握能力，以便将内容传递出去。另外，渠道不仅仅是传递内容的渠道，还是搜集信息的渠道。目前报业集团有网络渠道和其他新媒体渠道，但是只重视渠道内容的传递，忽视通过这些渠道搜集信息，也忽视通过这些渠道管理采集用户的数据以及对这些数据进行管理。目前，许多报业集团都有网站和新媒体平台，但这些平台的格局散、乱、小，难以支撑大量内容的传递，难以实现对受众需求的管理，更难以支撑报业集团这艘大型航母的转型。

报业集团在发展新媒体的过程中面临用人机制不活的问题

报业集团的人才大部分以报纸的采编和经营人员为主，这些人员的薪酬制度经过了很长时间的考验，在平面媒体中已经比较成熟，但这种成熟，为新媒体的发展酿下了惰性。因为新媒体人员的流动性强，对环境要求更高，对环境更为敏感，对薪酬的要求是根据市场发生变动的，而不是根据科层体制来划定的。报业集团发展新媒体要招聘适当的新媒体人才，就必须改变以往的用人和薪酬制度，提高人才使用的弹性和灵活性。

严阵以待三网融合对报业的深度冲击

2013 年国家级网络公司组建方案已经过批准，未来会专门做互联互通的工作，国务院于 2015 年 8 月印发《三网融合推广方案》大力推进消费升级、产业转型和民生改善。三网融合的不断推进不但会冲击电视、电信，而且会影响到报纸。未来的新媒体将是视频（包括点播电视）、图像、文字等内容三分天下的格局。报业的新媒体在未来的三网融合中要获得一定的地位，必须要有自身立足的内容基础和渠道基础。面对三网融合，不但广电传媒需要从危机中走出来，报业也需要寻找新的机会。

2.2 报业集团发展新媒体的可行性

报业集团拥有大量的媒体资源，这些媒体资源能够为新媒体的发展提供各种便利条件。

雄厚的人力资源和优秀的人才

国内的报业集团拥有最优秀的采编团队，有一大批经验丰富、政治素质过关、采编业务精湛、久经考验、时间观念强、自我约束能力强、决断能力强、洞察力强、能冲锋陷阵的媒体从业人员，还有视野开阔的研究人员以及具备丰富知识的各类专家。现在大部分报业的人才都具备本科以上学历，既有一定的学养，也有严谨的从业精神，具备认真负责的态度和较强的专业技能。采编团队在人员组成上形成了老中青的传帮带，能够不断将报业的采编经验传递下去，为新媒体的发展提供智力支持。但是，报业从业人员的思维方式和管理方式与新媒体有所区别，亟待根据新媒体的现状，将旧有的经验转变成新的能力。虽然报业的管理层大多有较强的创业精神、冒险意识、竞争精神，有较强的决断能力、精熟的专业知识、高度的责任感、较高的政治敏锐性以及较开放的思维，大部分管理层对报业（新闻业）有浓厚的情结，但是，这一支优秀的团队面对新媒体环境时，思维方式上具有难以克服的惰性。如何克服其惰性是报业集团所必须解决的问题。

先进的数字管理系统和内部管理资源

报业集团具有先进的爆料系统，在新闻线索的管理和对线人的管理上有较成熟的经验，在媒介内容的生产和经营、广告的经营和管理上有丰富的经验。在企业内部组织、企业内部信息传播、信息发布等方面具有较强的优势，在发行渠道中拥有成熟的经验。报业集团对员工的发展有长期的规划，其人力资源中心能够对员工的发展提供各种相关的培训。例如，南方报业集团着力于高层培训，与中山大学合作开办了 EMBA 的培训班，对高层人员进行工商管理的职业训练，参加培训的高层人员包括社长、总编辑、总经理。深圳报业集团实行全员培训，划出培训经费、培训中心用地，购置先进的培训设备，制定了《深圳特区报社新闻采编人员培训试行办法》等多项措施，将培训与员工奖惩、任免、考核结合起来。湖北日报报业集团着手管理层培训，让管理人员到国内、国外的一些大学和培训机构充电，提高管理层的整体水平。

强大的技术基础

报业集团都有较为完整的信息采集系统，信息管理系统和信息发布系统，这些系统之间形成了有效的对接和完整的管理。报业集团都有自己相对完善的信息采集、管理和发布系统。有的集团，旗下的每个报社都有自己的信息系统，有些是集团建立统一的信息指挥中心，分类发布，如烟台日报报业集团；也有的是建设数字技术平台，通过技术动力实现适应媒体融合的业务流程和传播机制的创新，如宁波日报报业集团。

庞大的内容资源

报业集团在新闻采访、内容采集、新闻线索的管理和维护、采访和编辑的策划、创意等方面具有先进经验。况且报纸在传媒行业中历史最长，积累的内容产品最丰富多样，有许多报业集团已经将这些内容数字化，成为集团重要的信息来源和资料来源。数字资产不同于实物资产，它不会在消费过程中用尽。数字资产生产和创造价值的过程可以通过潜在有限数量的转换，实现重新回收，有利于增强企业竞争助动力。内容资源一直是报业集团的核心竞争力，学界称这种竞争力是"内容为王"。虽然内容资源是报业的核心竞争力，内容资源具有一定的增值空间，但内容资源的增值没有得到足够的重视。大量有价值的内容资源没有得到开发，这是因为第一，知识产权是目前报业发展的一大瓶颈，报业必须突破知识产权的瓶颈，在知识产权的发展和变化中寻求资源的保护和开发的路径；第二，这些内容资源的同质化现象严重，造成同质化恶性竞争。报业必须克服内容的重复性，只有形成独特的视角、深度的不可替代的内容，才能获得强有力的竞争势头，使报业不但会在纸媒中保持最优势的地位，而且能在新媒体中获得较高的声誉；第三，内容需要在新媒体上做进一步开发，所以需要打开新媒体的渠道，形成内容产品分阶段、分类型、分内容的多层次、多角度开发。

广泛的社会资源

媒体在舆论引导上有优势，对于各行各业以及各大机关都有监督权，对公众知情权具有一定的引导能力，它产生的是影响力，不只是经济价值。在新媒体发展的过程中需要这些社会资源，这些社会资源不但能为新媒体的发展廓清相关的障碍，提供内容资源，而且能够提供相关的社会支持和公众的支持。

政策利好

国家新闻出版广电总局多次出台政策，倡导报业集团实现跨区域、跨行业合作与兼并，加大加快报业集团的发展，提高竞争力。《新闻出版业"十二五"时期发展规划》提出"跨区域、跨所有制、跨媒体""打造和培育一批国内一流、国际知名的大型出版传媒集团"的规划，国家新闻出版总署和广电总局的合并使各相关行业在管理层面建立了联系。《新闻出版业"十三五"时期发展规划》指出，"必须充分发挥科技的融合作用，借助互联网，不断推进新闻出版业与其他内容产业及外部产业之间的融合，构建立体多元的文化服务与信息内容服务模式"。报纸、出版、广播、电视、电影和新媒体之间在行政管理上的障碍被清除，这将引起传媒行业内部之间的相互渗透、兼并的趋势。有条件的报业集团具备向其他行业发展的空间，同时，有条件的其他相关集团也可能向报业集团扩张。

人事管理上需要重开新局面

报业集团的干部队伍的聘任实行宣传部、组织部联合管理的方式。干部队伍的顶层设计容易诱导干部队伍行政化、级别化，使以业绩为中心的企业经营机制得不到充分体现。新媒体为了避免这种机制的诱导，可以借鉴报业上市的经验（采编和经营两分开），实行新媒体与传统媒体两分开的方法，重新设立机制，放弃行政级别，以经济利益为驱动，重新建设新的管理方式，重开新格局。

新的传媒市场不断出现，并且发展空间越来越大

信息化过程加快了传媒行业新行业与新领域的出现，这些领域不断刷新业绩，成为传媒行业的发展亮点。人均 GDP 不断提高，居民文化消费水平不断增长，居民对新闻产品的消费意识增强。

新媒体的出现有利于传媒行业突破发行渠道的限制，实现跨地域发展

报业集团为了争夺发行权力付出了艰苦的努力，突破了各种困难。例如，南方都市报在深圳市场上的落地是经过艰难的阵地争夺战换来的。半岛都市报在烟台的阵地争夺过程中受到了当地报业集团的强烈抵制，从报摊、整定和行政管理等各方面进行限制，半岛都市报花费了较大的精力，却收获寥寥。新媒体不需要落户报摊只要受众愿意接受这种形式，就可以随意登录并点击浏览。在政策、行政管理等方面的限制完全被清除掉之后，主要的难度变为内容吸引人的程度、技术力量的强弱、人才资源的战略。

新媒体已经成为传媒行业发展的基本趋势

美国发布的《2012 美国互联网产业现状趋势报告》显示，美国新媒体市值已达到传统媒体的 3 倍。美国的报业广告呈现持续下滑的趋势，电视广告呈现负增长，在线视频广告稳步提升。我国传媒企业在发展中面临用户流向新媒体、广告转向新媒体的局面。无论是保持传播影响力还是报业良好的收支平衡，都需要向新的传媒形式发展。

跨平台跨区域成为未来发展的方向

未来的媒体发展将会跨越传统的报纸内容平台，实现报纸、杂志、网络和电视平台的统一，实现规模效应。同时，受众的定位很难再以地域作为首要标准，会转变为以受众特征为主要标准。某个区域将难以撑起大型的传媒公司。以传统的出版或发行业务为核心，以数字化、信息化为依托，逐步拓宽产业链，是平面媒体所面临的历史性选择。未来的平面媒体将发展成为跨平台、跨区域的综合媒体运营商，清晰的数字化盈利模式将成为未来报业集团发展的核心问题。

结构性升级将提升传媒行业新的竞争力

目前各大媒体都着手建设平台，所以出现了平台之间的竞争，渠道的增多导致渠道地位的逐渐下降。在各大网络平台上，优质内容的开发商能左右逢源，如鱼得水。目前各大互联网平台内容不断在增加，但是同质化的内容面对用户需求趋势的精品化、精致化和个性化依然很难解决问题。"用户需求—渠道建设—内容制作"之间的反馈过程越来越重要，反馈的速度将越来越高。在发展的过程中，媒体的内容平台、渠道平台和反馈渠道在面对用户需求的千变万化上，需要实现渠道的结构性升级。

2.3 报业集团发展新媒体的必然性

保持在主流话语中的话语权

根据国家新闻出版广电总局以及宣传部的政策，报业集团的发展和改革主要围绕着舆论的主导权进行。随着纸媒影响力的变化甚至是稳步下滑，报业必然在新的领域担当舆论引导的角色，形成新的影响力。网络、新媒体领域中话语权的争夺越来越成为焦点，塑造新的意见领袖角色是报业发展的责任。

寻找新的经济增长点

网络媒体和新媒体的兴起，凝聚了大量用户，大量广告商将目光转向互联网。线上广告在广告业中的份额越来越大，在互联网和新媒体中获得广告是报业集团发展的必然要求。报业为了保持强劲的竞争力，必须寻找新渠道，探索新的商业模式，寻找新的盈利点。

以发展新媒体为契机，布新局去沉疴

报业集团由于原来的类事业单位性质，在发展和改革的过程

中，仍具有较强的事业单位色彩。报业集团虽然在机制、人员、财政、管理方式和企业文化上形成了一套稳定的系统，但这套系统在面对新的传播格局显得疲于应对，力不从心。新媒体行业对瞬息万变的市场比较敏感，面对新的机遇，必须形成灵活的管理方式。报业集团在新媒体领域管理经验的实践，为纸媒系统的管理变革提供了参照。

大量的人力资源转型的需要

报业集团的员工数量多，人员编制较为多样。员工身份的多样，决定了员工对改革的信心和动力产生不同的态度。在新的传媒市场不断扩张的未来，技术的发展导致报业采编人员过剩，采编的工作方式发生转变，大批采编人员需要转向数字媒体精编。员工需要换到新的岗位。实现人力资源的转型升级是新媒体发展的基础。

报业集团转型升级的需求

报业集团既是传媒行业，又是劳动密集型行业。该行业的线下覆盖能力强，但能源消耗大；内容的原创性强，但相较新媒体行业，效率低下；报业的知识含量高，但容易被新技术俘获，沦为产业链下游；该行业的内部机构庞大，但技术含量不高，产业形态和商业模式低级；行业的广告占主导地位，但收入单一，核心竞争力不明确。报业集团亟须进行产业升级，改变报业的发展格局，实现行业的再生。

3 报业集团发展图片库的困境和可能

3.1 报业集团发展图片资源所面临的内部问题

报业集团在长期的采编工作中积累了大量的文字和图片，但是这些内容资源产生了许多问题。

报业集团图片的制作水平有待提高

报业集团的图片主要是为了宣传、记录和文字搭配使用，其观念主要是以文字报道为主。但其图片的拍摄观念过于陈旧，对图片的思想、价值、审美特征以及图片与受众之间的关系等未给予足够的重视，缺乏从受众的角度和用现代传播观念来拍摄、制作图片的意识。在这种情况下，图片与受众之间的距离不断加大，报业集团的图片与全球传播接轨的难度也越来越大。

集团内部的图片资源流动性不强

报业集团旗下所有的报社和杂志社都具备一定的采编能力，各子公司都有大量的图片内容。但是这些子报、子刊的图片仅限于其内部使用，缺乏流动性，其他报刊很难顺利、规范地使用某一报纸或杂志的图片。这种情况不仅使某报社、杂志社内部造成图片资源的积压和浪费，而且给其他报刊带来图片资源紧缺的问题。图片资源的流动性不足，一方面使报业集团没能够充分利用自身的图片资源，产生内部资源浪费，另一方面造成报业内部资源的重复建设。报业集团的图片资源形成了结构性匮乏的局面。

传媒集团的图片资源产生巨大浪费

许多传媒集团的图片虽然多，但是大都分散在各个摄影记者或者编辑那里，甚至有很多图片散落在退休摄影师手中，找图难用图难成为常态。图片使用时往往需要通过工作人员的记忆，根据拍摄人员、拍摄时间来寻找，有时甚至是到旧报纸中寻找，找图的难度大，效率低。

在报社内部，图片属于本报社（或杂志）的某一部门。例如摄影部、视觉中心或美编室。在编辑的过程中，由于采编流程走不同的路线，文字记者很少考虑图片的使用，也很少考虑图文结合，造成文字工作大量的无用功及人力资源的浪费。

集团内部各单位之间的图片的共享不足

集团的子报和子刊都有自己的图片资源分类方式，其分类都是子报和子刊在平时的工作过程中形成的，各个单位的分类系统都不尽相同，不具有统一性和科学性，阻碍了图片的查询、使用和共享。

报业集团旗下杂志的采编人员能够为本杂志提供大量专业的、精美的、独特的图片内容，这些内容都属于集团资产。但是，这些资源被长期闲置，有的被保存在编辑和记者的电脑中，有的甚至被随意丢弃。如果实现资源对接，第一，集团内部各单位可以使用最新最好的内容资源，在集团的平台上实现内容的采集和管理；第二，能够刺激本报纸、杂志的内容创新，激励其在生产主产品的同时生产一些副产品；第三，可以将自己的优势内容提供给集团的相关采编人员，实现内容的再次利用，或者将已经废弃的内容进一步回收利用。

图片一直受到知识产权问题的困扰

目前我国图片知识产权不够明朗，知识产权问题纷争较多。全国每年有近几千起图片的知识产权引起的法律纠纷，这些纠纷大多数发生在图片公司和报社、杂志社、广告公司以及电视台之间。在传媒产业竞争力日益增强的今天，高质量的图片成为传媒公司自身必要的内容优势。另外，传媒集团内部图片的知识产权保护力度不够，图片资源的大量流失成为常态。例如，许多记者利用职务之便，将自己所拍摄的图片卖给其他集团，甚至卖给本单位的竞争对手。甚至有记者将质量最高的图片卖出去，将质量低的图片发回本单位。虽然国内知识产权意识不强，报业集团内部亦是如此，但这是一个过渡性阶段，这个过程充满了各种变数，这个现状吓退了许多同行业的竞争者，却包含更大的机会和优势。整个知识产权环境建立起来之后，进入壁垒就会大大提高。

图片资源系统建设的技术困境

建设图片系统需要购买大量的器材设备、办公场所、软件，该系统所需要的首期固定投资较大。图片库的运营、管理需要大量的自动化运行模块，对技术、人才和管理提出了较高的要求。

3.2　报业集团发展图片资源的外部环境

图片的内容为王的优势逐渐让位于渠道为王

传统媒体中有相当一部分摄影记者，在拍客辈出的时代，其作品的价值被冲淡甚至是受到质疑。虽然摄影记者很专业，但与网友的作品相比，时效性还不够。传统媒体对网络图片、微博图片和图片库的依赖与日俱增。摄影记者的生存受到严重的挑战，以至于 2009 年 8 月 31 日，在法国佩皮尼昂维萨摄影节上，摄影节主席让·弗朗西斯·勒雷（Jean-Francois Leroy）就说出一句惊人的话，"图片库正在将职业摄影师送入坟墓"。图片库和网络渠道拥有巨大的渠道力量，这种力量正在将传统媒体所具备的内容优势逐渐抵消。

报业集团的图片行业目前处于属地竞争阶段

国内报业集团的图片都是以本地内容为主，报纸发行的原因，给这些内容造成了条块分割的趋势。大多数报业集团图片库的资源仅限本单位使用，图片库整体水平不高，既无强劲的竞争实力，也无外在的相互协调，更无差异化的竞争方式。图片库基本上是通过报业集团内部消化和循环勉强维持的。各个报业集团的图片库之间的互补性较强，整个新闻图片行业需要大的联盟与合作。图片库将面临联盟、聚合以及重组等剧烈的行业震荡。

图片的价值链还没有形成

目前图片库的价值模式不清晰、价值环节不明确、价值环节薄弱，导致图片产业的发展方向不明确。探索图片的价值链成为报业集团图片库发展的必然，构建多元、清晰的图片价值体系，成为报业集团图片资源开发的方向。

图片行业发展现状混乱

图片的创新性强、变化多样，有些甚至有很强的艺术性，导致产品无相应的衡量和评判标准。图片作品的价格体系混乱，图片评价的寻租空间过大，很难建立图片产业的信誉体系，不利于图片产业的规模性增长。图片行业有待于探索行业标准，构建健康的图片评价体系。目前图片行业市场透明度低、行业发展不均衡，企业间的相互交流沟通不足，行业水平提高缓慢。另外，缺乏专业的组织对内进行协调，对外展开维权，企业的利益得不到有效保障。从某种程度上来说建立起行业协会，实现各个报业集团的知识内容之间的相互协调，提高图片业的整体规模是一个迫切需要解决的问题。

图片的知识产权现状混乱

知识产权是未来保护内容资源的重要路径。目前图片的知识产权现象混乱，但是知识产权的步子不能迈得太快，否则将与业界产生严重冲突，也不能停滞不前，否则将会失去未来的发展机遇。目前国内的大部分文化企业缺乏知识产权管理，往往希望免费试用图片。这样做的后果在于：①使用图片不规范导致经济损失；②图片编辑在进行图片操作的时候对工作规范模棱两可，工作信心不足，工作动力减弱；③丧失当前知识产权模糊过渡期的发展机遇；④丧失与图片商的谈判，并从中获得谈判空间的机会；⑤不同传播方式的付费方式不同，不便于制定不同传播方式的发展路线；⑥影响图片的创新、管理和交易，危害图片价值链的建设和开发。亟待建立起图片的知识产权体系，通过线上和线下两种法律维权方式，构建商业和共享两种图片交易体系，促进图片业的发展。

图片行业的格局也在迅速变化

国际经济环境的不景气，纸媒广告下滑，导致许多国外报纸和杂志不再花大价钱雇用摄影师，而是通过拓展摄影照片的渠道丰富照片内容。国内报业和杂志主要通过使用价格低廉的图片或者是以协议的方式常年购买某些图片库的图片。

新闻图片库大多都有一个强大的传媒集团做背景

传媒集团的图片库大都隶属于该集团的图片系统。例如，新闻网站 MSNBC（微软全国广播公司节目）在网站显著位置滚动发布最新的图片新闻，开设了图片频道（photo on msnbc.com），并将其分为博客、娱乐、体育等类别。其中"一周图片"（Week in Picture）栏目，汇集了一周全界各地重大的、有趣的、视角独特的新闻图片，备受好评。《华盛顿邮报》建立了"影像坊"，该版块隶属于其网络版，它将图片细分为政治、艺术、生活、商业、旅游和教育等方面。资深图片编辑推出拳头产品：每日图片精选（The Day in Photos），选出当日全球各地精彩的新闻图片。建设图片库是报业发展过程中的必要的窗口期，为打破发展的瓶颈提供契机。错过了图片库发展的机会和发展优势，会使市场空间变小，市场竞争更加激烈，发展机会就更少。

3.3 报业集团发展图片库的优势

政治和社会资源优势

报业集团在引导主流价值观上具有优势，能够聚集社会正能量，推动社会进步。报业集团在视频网站的发展中，遇到来自政治和社会的阻力较少，甚至会获得更多的支持。

报业集团对新媒体有强烈的冲动

我国报业集团由于受到外部形势的压力，平面媒体的压力过大，导致报业集团希望通过建设新媒体来转化资源，能够将原有的新闻采编优势转向网络媒体。报业集团的新媒体动力较强。

优化内容资源管理

图片社处于报社生产链条的上游，而且能够上溯到报纸生产的上游。一方面能够延伸至报业集团的产业链上游，将分散在各个报社的资源统一起来，实现各个报社内部的资源充分利用，提高上游产业链的粗度。另一方面，上游产业链发展良好，会将其他媒体都纳入其下游，有助于塑造图片社在整个行业中的领军地位。目前报业集团的报社、新闻网、杂志社都需要大量的图片，况且随着纸媒的视觉化，报业集团对图片的数量和质量的需求也在不断增长。图片库的建设可以减少集团的支出。

报业集团具备大量相关的人力资源优势

报业集团具备大量的记者，这些记者每天会将分散在各地的图片搜集起来，这是图片库发展的基本内容，也是图片库业务拓展的第一动力。报社掌握诸多新闻线索，对于突发事件、大型事件的图片掌控能力比较强。有了在该方面的图像采集和制作基础，图片库才会制造人气，会吸引不同地域、不同行业的摄影师加盟。报业集团拥有大量优秀的文字记者、摄影记者和图像编辑人员，拥有大量从事视频拍摄、加工、管理的员工，这些员工能够在内容资源的制作、管理上提供强大的人力资源优势。

素质过硬的经管人员

报业集团在长期发展中形成了自身的组织文化，培养了一批讲效率、讲政治、敢闯的经营和管理人员。这些人员具备大的企业管理的经验，既讲正气讲政治，又深谙社会发展和市场经济的规律，能够在产业管理上提供大量有用的建议。

强大的社会动员能力

报业集团常常在公益事业上发挥力量，能够与各个公益机构、事业单位进行视频内容的合作。例如，在资源整合上，能够将各大机关的视频聚集起来，形成优势资源。多方面的合作扩大了报业集团资源的占有量，也为各个机构提供了展示的机会。报业集团长期组织线下活动，具有极强的线下动员能力和组织活动的经验，也组织大量的拍客拍摄，组织相关爱好者展开拍摄活动的基础。

强大的采编、爆料系统

报业现有巨大的文字采编系统以及图像管理系统，这些系统能够为网络视频的数字化管理提供经验。报业集团拥有强大的采编系统，购买了功能强大的服务器，在宽带铺设和网络建设中有前期的经验，这为网络视频的发展提供了可能。大部分报业集团已经着手开展全媒体战略，这种战略格局为网络视频的发展提供了基础。报业集团拥有强大的爆料系统，其线索分布于诸多行业和领域，一方面有利于为获取视频提供相关的渠道，另一方面有利于获取大量的内容信息。通过爆料系统，报业集团能积累大量的一手音频和视频资料。

3.4　报业集团发展图片库的劣势

经济压力导致过于重视短期效应

报业集团办图片库、图片网站，对网站必然会提出一定的经济要求。在不恰当的时间，以不恰当的方式提出经济效益要求，往往导致网站的定位发生改变，使图片网站的品牌价值受到冲击。对广告的过分重视导致多元价值开发的能力不足，网站发展的方向产生改变。

图片网站和集团资源的形成阻断与沟通机制

报业集团的图片库建设可以根据其发展的程度，进行业务拓展，与图片库、图片网、共享图片。不同的网络形式，其开放规模和开放模式完全不同，它们对内容的管理、运营等方面完全不同。需要在管理和运营上实现两者之间的沟通和阻断功能，必须平衡这两种关系。

内容的重复量大

图片库上线之后，相同的照片不断被转载，造成图片库之间的内容重复率过高。热门图片的重复率达到难以置信的程度。碎片化过于严重，给搜索、甄别和管理带来了很大的困难。另外，因为共享内容，往往容易出现图片的知识产权的纠纷问题。如果用户上传未经他人授权的视频作品，那么随着转载数量的增加，侵权数目不断增加。例如，未经授权使用图片会侵犯他人知识产权，图片内容的不当使用会侵犯他人人身权利，另外还涉及诽谤、调侃等问题。

人才管理机制的灵活性欠缺

现有的报业集团的人才管理模式更加重视岗位、级别，但网络媒体的人员管理更加灵活，其岗位的变动性更快，其薪酬待遇、管理理念更加开放。新媒体人才流动较大，在新媒体工作团队中有一定经验，观念新锐的年轻人居多。报社现有的按照级别管理的模式束缚了人才的上升空间，所以自己培养的新锐青年容易流失，另外由于空间的限制，难以聘请到社外的优秀人才。作为新媒体，薪酬应该更加灵活，新媒体的业绩很容易计算，单纯依照后台的各种数据就可以对从业人员的优劣予以判断，如，点击量、

pv、互动次数、近期变化规律等都可以从后台中找到较可靠的数据。对于特殊人才，可以尝试采用降低其基本工资，提高业绩工资幅度的方式，也可以尝试实行员工入股的方式，定期分红，将员工的利益和企业的利益捆绑在一起，激活人力因素。另外，对于和发展需要背道而驰的员工，灵活的管理模式可以为其建立起有效可行的退出机制。

在网络中容易被纳入产业链下游

在网络媒体中，图片库被迫转为内容供应商，其内容优势不再重要。图片网的渠道优势容易被门户网站、搜索引擎、浏览器等一大批互联网企业所忽视，渠道优势尽失，未来打通流向用户的渠道的任务越来越艰巨，需要不断升级图片网的渠道。另外，其他网络媒体的价值链升级导致图片网站的渠道优势被取代。由于技术的不断更新，其他网络媒体在价值链上不断升级、商业模式不断创新，图片库和图片网站处于竞争的劣势。

3.5　报业发展图片资源管理的必然性

发展视觉内容是报业发展的必然

当代受众的注意力严重不足，因此在信息无限庞大的网络中如何吸引注意力，实现价值观的推荐，是文化产品营销的关键因素。视觉化是吸引受众注意力的有效手段，媒体的视觉化趋势越来越明显，视觉化的内容（图片、视频等）点击率较高、阅读率高，阅读持续时间较长。

图片是报业集团的内容核心竞争力

新闻信息主要是以文字、图片、音频和视频为主。报业集团在内容资产上主要以文字和图片为主，在视频、音频等方面不具备竞争优势。经过几十年的建设，报业集团拥有大量的本地图片，这些图片的内容很多是经典的、难以重复的、不可再现的，它们已经成为重要的历史事件、场景的资料载体。当代报业集团拥有大量的现场作品，这些作品是一线的资源，在这方面，其他的传媒集团很难与之匹敌，但这些内容没有得到充分开发。

报业集团拥有大量的图片制作人员

报业集团拥有大量的摄影师、图片编辑。这些人员素质较高、新闻纪律性强、机动性强，在采访和内容制作上有较强的能力。这些人员为图片库的发展提供了必备的人力资源，降低了报社发展图片库的学习曲线。

大多数报业集团都拥有本地最大的新闻网站

报业集团根据其内容的优势，发展出本地最大的新闻网站，这些网站拥有一定数量的读者。这些新闻网站能够在流量导流、人气汇聚、数据管理等方面提供便利条件。新闻网站在网络建设上具备丰富的经验，能够为图片库的建设提供参考。

国内报业集团的图片内容管理滞后

国内报业集团的图片主要分散在各个报社和杂志社里，图片管理上出现了散、乱和小的局面，使集团内部资源没有得到有效保证和管理。有一些报业集团虽然建立了图片库，但是图片库的内容主要是以近几年的为主，其他历史图片依然保存在各个报社和杂志社，有的甚至是在摄影师手中。报业集团拥有强大的采编系统，图片内容的传播依附于采编系统，这些采编系统能够对图片库提供采编支持，采编系统与图片库的有效对接将有助于图片库的落地。

4 国内外图片库的发展现状

世界上最早的新闻图片社是美国赫斯特报社的国际新闻图片社，于 1919 年成立。专业图片库在 20 世纪二三十年代大量出现，其中 1935 年出现的黑星图片库则是其规模最大、历史最久的图片库。其发展之初主要是为了让德国和匈牙利的摄影作品顺利流入美洲市场。到了 20 世纪末至 21 世纪初，随着数字技术的深入应用，图片库出现了迅猛的发展。

2001 年，伊万·科恩（Yvan Cohen）和彼得·查尔斯沃思（Peter Charlesworth）创办亚洲图片社，该图片社于 2003 年在法国佩皮尼昂国际报道摄影节上正式运营。该图片社聚集着大量的亚洲影像和丰富的亚洲图片资料，其中印度和中国的摄影占主要部分。但是该图片社在与中国摄影师合作的过程中遇到了困难，主要障碍是语言上的沟通和交流障碍，与此相对，印度的大部分摄影师都会讲英语。

4.1 国外图片库的发展现状

以 Youtube 为代表的视频内容库成为主流发展模式。Youtube 是一个个人可以根据要求，自由上传视频的网站。其网站主要采用众包的形式，将内容的生产制作和传播交给大量受众，主要由全球各地的用户上传自己的视频。在后来的发展过程中，Youtube 与大型的媒体公司合作，如哥伦比亚广播公司、环球唱片、SonyBMG、华纳音乐、英国广播公司、VEVO 等，由这些公司上传本公司录制的影片。现在每天有超过 20 亿部影片可供用户观看，"超过美国三大电视频道黄金时段观看总人数的一倍左右"。据 Comscore 发布的 2011 年全球视频网站排行，Youtube 以 43.8% 的市场占有率位居榜首。视频类网站的高速发展，显示了图像问题越来越成为网友关注的焦点。视频网站的快速发展给图片网站的发展提供了借鉴。

国外图片库主要分为：商业图片库、微利图片库、新闻编辑类图片库和行业图片库。从内容来看，图片库市场一般又分为创意图片①和编辑图片②。据美国图片代理协会（PACA）统计，2006 年全球图片产业交易总额为 30 亿美元，并且以每年 20% 的利润增长，其中美国企业占 79%。这个数据一方面是以美国的样本为主，忽略了全球其他国家的图片产业交易，另一方面又显示出，美国的图片产业交易量巨大，整个图片代理是唯美国马首是瞻，而且库存量较高，质量较好的图片库在未来的发展中将获得丰厚的利润。

以 IStockphoto 为代表的图片库网站，是以众包为基础的微利图片库。个人可以上传自己的照片，形成全球共享图片。网站和个人都可以从中获益。IStockphoto 最初只是一个免费的摄影社区网站，2000 年成功转型为商业化网站，业绩迅速攀升。截至 2006 年 10 月，IStockphoto 拥有的图片库存超过 110 万，摄影师超过 30000 人。该图片库可销售的虚拟商品类型包含照片、插图、视频、音频、Flash，其中照片和插图是最热门的类型，视频、音频、Flash 的购买者相对较少。IStockphoto 的图片都是免版权税的，所以可以超低价出售。IStockphoto 的图片以其简单易用，价格便宜的特点受到广大的摄影师、设计师、插画师及广告商的

---

① 该类型的图片由摄影师根据主题和创意制作，一般由制片、模特、化妆师等合作完成，此类图片一般具有肖像权，主要针对商业市场，用于广告设计、市场推广等活动。

② 该类型的图片主要以反映现实生活的题材为主，以新闻、体育、娱乐、时尚等为内容的图片，用户为报纸杂志。

青睐。

Getty Image（盖帝）是一家商业图片库，2004 年的年销售额为 7.6 亿美元。Getty Image 的销售额占全球图片销售总额的三分之一。[①] 2006 年 2 月，Getty Image 用 5000 万美元现金收购了 IStockphoto。Getty Image 在编辑类图片的发展上也很快，尤其是体育、娱乐类图片。

Corbis Images（考比斯）图片社主要经营创意图片，目前该图片社为微软公司所拥有。该公司是目前全球最大的图片机构之一，它通过授权、出售、发行以及版权代理等方式为全球的各种文化传媒机构提供当代照片、文献照片、深度记录照片、电影资料等。

欧洲新闻图片社（www.epa-photos.com）创办于 1985 年，是欧洲最大的新闻图片机构之一，曾经在柏林墙倒塌、苏联"八·一九"政变、前南斯拉夫内战、伊拉克战争、远东社会动荡等重大事件的报道中表现非常出色。2003 年 5 月，其开始进入全球图片业务，市场拓展十分成功。2008 年，该图片社旗下有摄影师 400 余名，日发稿量 750 张左右，客户覆盖全球各地，包括各大新闻媒体以及专业用户。另外，目前在国际图片市场上，老牌通讯社如美联社、路透社、法新社拥有大量的新闻图片，它们是编辑类图片的主要来源。

目前，图片社之间除了激烈的竞争，图片社之间还出现了合作的趋势，主要表现为兼并、内容协作、渠道商和内容上的合作等。主要合作为内容方面的合作，即通过定位有差异的图片内容进行合作，实现内容的全面覆盖，如 Getty Image 兼并 IStockphoto，实现微利图片与精品图片的合作。内容和渠道商之间的合作，如 2007 年欧洲新闻图片社和考比斯图片社的合作，欧洲新闻图片社借助考比斯在全球的销售渠道和管理体系，展开内容营销。

---

① Anders Hansen, David Machin, "Visually Branding the Environment: Climate Change as a Marketing Opportunity," *Discourse Studies*, No. 10, 2008, p. 777.

4.2 国内图片库的发展现状

就国内图片库市场而言，编辑类图片主要由像新华社、中新社、美联社、路透社、法新社、东方 IC 等机构经营。

新华社图片库是中国最大的图片库，其图片售卖量占到中国市场份额的 50%。图片网着力于新闻图片库的建设，它们借用国家通讯社和国家新闻管理机制来聚集大量的图片。新华社图片库"给广大目标客户提供大量时效性强的新闻图片网站，具有其自身的特点从内容上体现为新闻编辑类图片库，从经营模式上体现为网络图片库，在盈利模式上体现为微利图片库，这二种形式相互交叉、相互影响，同时也共同构建起新华社广东图片总汇丰富的资源库"。① 同时在图片的使用上，能够依托国家通讯社和国家级传媒机构的力量，要求其他传媒机构使用自己的图片，在图片质量上达到了一定水平，但是图片的个性化不足、主题单一，形成和图片市场脱节的局面，与当代网络传播方式和网络文化脱节。

CFP（当时名为 Photocome）创立于 2000 年，2002 年公司开始赢利，业务已基本覆盖全部媒体。2010 年营收 1.5 亿元，2011 年近 3 亿元，利润约 1 亿元。这家拥有 2000 多万张各种题材图片的"图片银行"，有 3000 多名签约摄影师和艺术家，并同海外近百家图片社、版权机构有着广泛的合作。有超过 3000 家报社、网站、杂志社、出版社、电台、电视台的客户，以 30% 的市场占有率居中国编辑类图片市场的第二位，仅次于新华社。目前，其图片可签署独家协议，也可以售卖给很多家机构，可长期售卖，也可短期出租，每卖一次都能产生收益，就像将钱存在银行，可以源源

---

① 周文杰：《新华社广东分社图片产业化发展模式研究》，硕士学位论文，华南理工大学，2010，第 15 页。

不断地产生"利息"。①

视觉中国集团旗下有两个品牌网站，覆盖创意图片和编辑图片两个市场：分别是以创意图片为主的华盖创意，以及以编辑图片为主的汉华易美。就图片的数量来看，编辑类图片的数量远远大于创意类图片，但是创意类图片的价格远远高于编辑类图片。例如，一张好的创意类图片如果独家买断，价值可达到几十万元，单次售价也会在5000元到1万元不等。

东方IC成立于2000年，是一家多元化视觉资源库和技术服务商，并由东方网入股。公司拥有新闻图片中心、创意图片中心、东方IC包年、英语图片网站四个图片平台，并拥有东方IC图片管理系统、东方IC视觉传播等增值服务。其产品和服务从新闻图片到创意图片，覆盖了国内外整个图片行业。

另外，一些地方报业集团也建立起图片库，并在图片库的基础上建立图片网。报业集团的记者将自己所拍的照片上传到图片库，但是很多图片质量不够高、数量少、重复性强、风格较为单一，图片网络的黏性不足。例如，有些地方建设起图片库，并且上线为图片网，这些图片主要以宣传为主。另外，有些传媒集团的图片库只是内部的资料库，方便本集团使用，图片被封闭在集团内部，没有充分发挥其价值。图片库的发展过程中出现重复建设，相对来说，在市场竞争中，除地域差异之外，其同质化现象较为严重，未来将会出现更严重的同质化恶性竞争。目前各地图片库的个性化、差异化不足，发展不具备超前性。图片库发展中相互抄袭，相互模仿，无法真正发挥出图片的内容和价值。

另外，还有其他种类的图片库。微利图片库有上海微图，有新兴的图片库——时代图片，有以纪实图片和老照片供应出版市场为主业的集成图像公司。

---

① 《CFP：图片银行要上市》，《创业家》2012年第5期，http://shijue.me/show_text/4ffed7faac1d840d90006f0d。

一些图片网站发展为消费类共享网站，这些网站发展迅猛，为新闻共享网站提供了可能。目前国内的消费类网站增长较快，蘑菇街、美丽说这种以女性消费品为主的网站大受网友追捧，也不断受到投资公司的青睐。例如，美丽说 2010 年 8 月完成 A 轮融资，获得蓝驰创投投资 200 万美元；2011 年 5 月获得红杉资本 800 万美元投资；2011 年 10 月完成 C 轮 2000 万美元融资，由纪源资本领投，红杉资本、蓝驰创投及清科创投跟投。2012 年 11 月，美丽说获得 D 轮融资，领投方为腾讯，纪源资本继续跟投。截至 2015 年，美丽说已经进行了 5 轮融资，投资者包括腾讯、纪源资本、红杉资本、蓝驰创投、清科创投等。2014 年成功转型快时尚电商后，次年业绩实现商品成交总额 56 亿元人民币。从国内新闻变革的历史来看，新闻的变化都是从消费娱乐类栏目逐渐向社会栏目，最后向政治类栏目转变。在经济、社会、民生和政治方面，图片还没有充分发挥其力量。

4.3　图片库的分类及其特征

目前国内外图片库主要分为以下几种类型。

新闻类图片库。新闻类图片库主要有通讯社创办的图片社，例如，美联社、路透社、法新社、新华社等。有的媒体也在创办自己的图片社，作为其核心业务之一。我国一些地级市也在其报社、电视台的基础上形成了该地区的图片社，一方面满足本地媒体的需要，另一方面为其他图片社提供资源。这些图片社主要是为各类媒体提供丰富全面的新闻图片。这些图片库的主要客户是报社、杂志社和出版社，将图片用作报纸、杂志和书籍的配图。这类图片每天的用量非常大，价格虽低，但仍可以为图片库产生不菲的利润。摄影师为报社和杂志社的记者和摄影师，版权视与摄影师的签约情况而定。

商业图片库。这种类型的图片库主要客户是广告公司、出版社等。图片生产者为签约摄影师、自由职业人。有一些独立经营的图片社，是以营利为主要目的，所以也可以被归入商业图片社，如 Getty Image 等图片社。这些图片社中的新闻图片只是其业务的一部分。

专门题材图片库。只经营某一类图片，针对某一种市场，如 B 超、植物、细胞、考古、司法、商业、工业、农业、体育等行业的图片库。有专门从事名人消息的名流图片社、名望图片社（Celebrity Photo Agency，Fame Pictures）等。

微利图片库。2005 年，Photolia 图片库的诞生标志着微利图片库的出现，这几年迅速出现了一大批微利图片库。这些图片库的图片价格低廉，以远低于市场价的价格销售，做到正版图片大众化。其主要的客户群是创业人士、自由职业者、摄影师、中小型设计公司等。"这是一种颠覆性的商业模式，它们已经对传统的大公司开始了挑战……微利图片库的经营模式是讲求效率。在这些图片网站里，编辑人员决定接受什么样的图片。但是摄影师必须提供所有的相关资料，特别是与图片相关的关键词……有的微利图片公司采用订阅的方法出售图片，例如，客户每月向图片公司缴纳 199 美元，即可以在公司的图片网站上每天下载 25 张图片。"[1]

从图片库的内容来看，图片内容多种多样，如有"照片、印刷材料、地图、绘画、示意图、表格、海报、明信片、绘画、幻灯、玻璃板、底片、木刻、X 光片，人物，漫画，动画，电影或视频……图片的内容包括了从广泛的各个领域到具体的某个领域：科学、技术和工业，艺术、文化和体育，人文科学和社会科学，医疗和保健；时事、法律和金融"[2]。

---

[1] 〔美〕陈小波：《把你的照片换成钱——图片库摄影师的生存之道》，人民邮电出版社，2008，第 19 页。

[2] Jonathan Furner, "Digital Images in Libraries: an Overview," *VINE*, Volume 27, Issue 3, 1997, p. 107.

5 图片库对报业集团内容管理的意义

图片库系统是基于数字化媒体发展的图片使用平台和协同管理的系统。例如，深圳报业集团的图片库的基本定位为：作为内宣和外宣的深圳市城市名片，深圳报业集团报刊的协同工作平台，集团的图片信息积累和协作的平台，新闻图片的销售平台。构建这样的系统意义重大。

5.1 建设图片库对内容管理的价值

构建集团内部统一有序的竞争格局

报业集团旗下的子报、子刊都有自己的图片内容资源，图片库可以将各报社的资源统一起来，同时又给每个报社和杂志社明确的产权界定，赋予其一定的权利和义务，形成报社之间的内容兑换。图片库有助于化解各单位之间的恶性竞争，促进各单位之间良性有序的竞争；有助于解决报业集团的内容管理困境，形成统一有序、分工明确、产权归属清晰、责任到位的管理格局；有助于提升整个报业集团的内容采集和管理能力。

盘活内部闲置资源，刺激内容生产

报业集团内部各大报纸和杂志有丰富的图片内容资源。通过组建图片库，将所有闲置、分散的图片内容资源统一管理起来；将所有管理无序的图片集中起来，便于方便、快捷、有效地整理、搜集和利用图片；便于形成图片的内容管理平台，建立学习平台，激励各个单位和部门的内容共享和再生产。

开发内部资源的价值

图片库有助于将图片内容集中管理，形成巨大的内容交易平台，便于将图片统一销售、租赁和开发，充分实现图片价值的最大化。另外，内容资源不但包括新闻图片，而且包括各种创意图片，报业集团报纸杂志的内容不但包括新闻内容，而且包括创意内容。对于用户来讲，创意图片的价值更大。竞报在建立图片系统之前，进行过仔细的调研，发现"新闻摄影在图片的交易当中所占的比例只有20%～30%，70%～80%这样的交易图更多的是创意图片、展览图片等这样一些图片，所以这实际上是把我们对图片的理解从单纯的记录生活、记录新闻延伸到更广的范围当中去，这就催生了我们提出这个概念图片产业"。[①] 这些图片都将成为报业集团的内容资源。

在集团内部实现共享和交易

报业成立集团之后，企业内部合作是报业集团化的核心问题。信息资源的共享和管理为企业内部的深度合作提供了机遇，但是目前该合作进展缓慢，需要一定的契机。报业集团可以图片库为契机，加大集团内部的知识和信息合作。图片库能降低知识的生产与交易成本，具有较高的知识资源配置效率，形成一种超越各报社局限性，跨越各报社采编系统有限性的知识共享系统。Arthur Andersen 公司将知识管理表述为 $KM = (P + K) S$。其中，K 指组织的知识，M 指管理，P 是组织成员或知识运载者，"＋"指技术，S 指分享。公司的知识管理和交易表现为，组织知识是将人与技术充分结合，在分享的组织文化下达到乘数效果。企业知识的价值主要表现在，在知识分享的条件下，人的因素和技术因素相结合，会大大提升知识的传递速度，扩大知识传递的广度和范围。图片库作为报业集团内部整合之后的采编系统，在充分发挥了技术优势的条件下，能够充分实现集团内部图片的共享和管理，提

---

① 郭坦：《图片产业是文化创意产业核心体现》，《竞报》2006 年 12 月 13 日。

升图片的传递能力和集团对图片的管理能力。

作为朝阳产业的图片库

在线图片库由于其在线特征，其边际成本随着使用量的增加而降低，最终趋近于零。图片库的上游是专业摄影师、业余摄影师、拍客和图片社等，下游是企业、广告公司、报社、杂志社、电视台等媒体等图片用户。产业链上游（摄影师、摄影记者和拍客）的议价能力比较弱，产业链下游（报社、杂志社和电视台）议价能力较强，因为图片库可借用对上游的资源的垄断性来展开对下游的议价。图片库能够形成一个较大的平台，并在数字产业链中占据核心地位。目前在线图片库的行业竞争还不是很激烈，发展潜力较好。

5.2 建设图片库对报业的推动作用

提升集团的知识共享能力和默会能力

报业集团可以将图片库为突破点，解决内容资源的统合关系的问题。"一方面企业网络具有知识交易的有效性，即企业网络有利于企业与企业之间的知识，特别是默会知识的有效交易和共享；另一方面企业与企业之间的知识共享的广泛开展有利于企业网络建立适应知识经济、网络社会的环境变化的应变能力。"① 图片库的建设和使用一方面能够刺激内容生产型企业适应新的知识经济时代的需求，提高其对集团内部各单位图片信息的利用，提升对外部相关企业图片的利用，另一方面能在集团内部建立知识共享型系统，提高图片信息的传递能力。此外，图片平台的建立也会提升集团的默会知识能力。默会知识是指主观的、经验的知识内容，这些内容是难以传递的，只有通过感知和心领神会才会获得，

---

① 任志安：《企业网络：一种跨企业界面的知识共享组织》，《生产力研究》2006年第1期。

图片平台的交流能够传递各种默会知识，提升采编人员整体的感知。

图片内容资产的研究具有重大意义

图片库的是内容资产管理的一个方面，能推动集团内部的知识产权管理的规范化。首先，图片的知识产权越来越受到重视，目前针对图片知识产权的诉讼案例较多，使图片产权的技术和实践问题得到解决。其次，报业具有大量的文字、图片、音频和视频内容，这些内容成为报业的核心竞争力。对图片内容资产管理的研究有助于推动报业集团的发展。再次，在新媒体环境下，如何组织、管理和开发媒体的数字化资源是报业面临的重要难题。目前学界的研究停留在现象描述阶段，对其规范和发展缺少宏观的研究。[①]

新闻图片库的发展潜力巨大

我国的图片市场刚刚兴起，以每年 30% ~ 40% 的速度增长，市场对图片的要求越来越高，图片对媒体的影响也越来越大。我国的各种产业不断处在上升期，品牌意识还没有成熟，诸多产品和企业需要打造自己的品牌，这就需要大量的图片。每年的广告市场巨大，"因为这个市场被压抑的时间太长了，所以瞬间爆发"。[②] Getty Image 在进驻中国前做过市场调查，图像行业在中国每年的市场总需求应不低于 40 亿元人民币，况且中国的网络图片市场增长很快，Corbis 全球执行总裁史蒂夫·戴维斯认为，"中国的广告市场在过去几年增长很快，平均每年都有 30% ~ 40% 的增长，这样的增长结果必然导致对图片的要求越来越高"。[③]

---

① 刘琴：《数字化背景下报纸内容的生产和管理》，博士学位论文，武汉大学，2010，第 40 页。
② 柴继军：《图片产业的发展途径》，《竞报》2006 年 12 月 13 日，http://news.sina.com.cn/c/2006 - 12 - 13/170211781568.shtml。
③ 苌苌：《Corbis：国际网络图片运营商的中国期望》，《经济观察报》2005 年 6 月 4 日。

提升我国对外传播的影响力

目前在我国图片产业中占主导地位的，以国外的商业图片库居多。图片行业的竞争还没有充分展开，新闻图片的竞争更没有放开，我国的图片行业有一定的发展潜力。图片业的竞争也是价值观的竞争，图片能够起到议程的设置的作用，在意义的走向和丰富的情感以及价值观的定位方面有其独到的影响。国外图片库大举进攻我国市场，并通过市场行为促使我国主流价值观边缘化。新闻图片库的研究将建构我国文化的安全阀，提升本国文化软实力，破解我国新闻业的危局。改变报业集团在图片产业上的被动地位，有助于改变我国对外传播上的被动性。

图片库实现对产业链的整合

图片库属于朝阳产业，无污染、人力投入少、无实物库存积压，具有边际效益递增的特征。图片社的发展一方面能够上溯报业集团的产业链上游，另一方面会将分散在各个报社的资源统一起来，实现图片信息的充分利用，再一方面在产业链中俘获下游的内容产业。另外，图片库的渠道优势可以将各种图片制作人员、图片管理人员和图片销售人员集中在一起，能够有效整合整个产业链。

打造报业集团的知识管理系统，提升其信息价值

报业集团作为新闻和信息生产的企业，其信息可以产生多种价值，应该重视其创造的可能性。"信息和知识的易得性和可得性所创造的巨大机会；如何围绕着独特的信息和知识产品、服务去确认和开发市场机会；如何获得知识和信息，并且开发、分享、管理以及将知识和信息资本化，并且理解和帮助并使他人能够有效使用信息和知识；如何综合使用新出现的技术去将相关的人员和组织联系起来；如何与其他人开发网络的能力，为创造新价值所以新的方式学习和工作的能力；如何学习和管理网络组织和虚

拟团队。"①

寻找报业人力资源管理变革的路径

图片库的作用在于通过数字化系统，探索一条转变之路，将报业从行政导向转向岗位导向和业绩导向的新路径。数字化系统记载了图片工作人员的工作数量、质量、业绩等方面的内容，便于对图片人员进行监管，有利于在管理模式上解决责任不明、权力模糊、人浮于事和监督缺位的问题。同时，也有利于防止内容资产丢失、职务工作外泄、报道寻租空间过大、绩效评估难度大，实现报业工作人员工作任务的量化、业绩量化、薪酬量化，优化管理结构，提升管理的有效性和便捷性。

图片库对于报业集团的价值和意义

图片库的发展对于报业集团来讲是一次重要机遇。主要体现在几个方面。第一，通过图片库的运营，减少本集团的生产、经营和管理成本，拓展图片的销售业务。第二，发挥图片库的社会效益，让图片库成为内宣和外宣的主要渠道来源。第三，发挥图片库的商业效益，并且与其他文化产业对接。通过研究图片库的数字化建设，拓展报业集团的内容产业研究，俘获下游产业，拉长报业集团的产业链。第四，对图片库的建设和管理研究将拓展报业集团数字媒体的经营与管理研究。第五，图片库的建设在横向上作为平台将加强与版画、油画等为基础的文化产业联合，在纵向上将加速当地文化的产业的发展。第六，图片库将提升集团内部图片的交换速度，增强对图片信息的使用率，进一步提高报纸杂志的视觉表现力以及传播影响力。第七，从图片的维度来审视报业集团转型的契机，推动报业集团的数字化转型，进而构成线上与线下相结合的立体型竞争结构。第八，压缩图片采编流程、扩大信息空间，为集团节约巨大的图片购买成本。

---

① Colin Coulson Thomas, *Developing and supporting information entrepreneurs*, (Career Development international, 2001), pp. 231 – 235.

5.3 报业集团图片库建设的目标

根据报业集团的发展现状，报业集团建设图片库图片库需要立足现实着眼未来，制定长期发展目标。

提升图片新闻生产的效率

加强图片制作和采用的时间管理，加快图片的搜集速度，通过图片库的建设提升采编管理能力，建立快速有效的图片存储和管理组织。通过图片库系统的建立，可以即时有效地建立跨部门、跨区域的项目团队合作，形成快速有效、全天候运行的图片系统，实现整个集团所有记者、编辑人员的信息检索和信息管理系统，消除图片搜集中无图可找以及有图找不到的现象。通过图片库建设可以实现图片在线审批、管理和售卖，摄影师、记者可以在线提交图片，图片编辑在线审图、编辑和销售，图片库自动管理系统可以跟踪图片的下载、销售和使用情况，提高办事效率。

实现知识管理

第一，通过图片库管理，为各个报社提供各自独立的归类，将资料存放在部门知识库中，保护本部门的信息安全。第二，通过对图片销量情况的自动化统计，测算社会舆论方向，预测读者的读图的兴趣、爱好和偏向等，为报纸的图片设计提供重要数据。第三，通过图片的分类管理、集中管理，实现图片利用率的最大化。第四，增加图片库存量，通过外包和合同形式，签约各地、各部门和各行业的摄影师，甚至和其他报业集团的摄影师合作，增加合作摄影师的数量和图片的存量。第五，提升图片库的图片质量。通过图片库的增加，不断筛选出好的作品，引导并提升图片库的图片质量。第六，通过统一管理、实现资源共享，扩大图片的规模效益。

节约固定资产和可变资产的投资

首先，建设报业集团图片库可以减少固定总资产的投资，降低各个报社的图片固定资产投资，避免重复建设。其次，减少人力资本的投资和人力冗余，通过将各个报社和杂志社的图片集中到一起，缩减相同事件报道中的人力资源，加强事件报道中相互合作，优化报道的结构，将各个报社的图片力量集中起来，有效提高人力资本的使用效率。再次，扩大人力资本的使用范围，实现各部门的劳动成果的共享，扩大人力资本的使用范围提高使用效率。

节约图片的经营成本

减少各个报社的图片支出。首先，报业集团一般都有几家报社、杂志社、新闻网等，每年要从别的图片库购买大量图片，这些图片需要支付大量的经费。如果实现报业集团图片内容的全国性搜集，将有效降低购买外部图片的成本。其次，可以有助于减少集团图片支出费用。通过图片库与别的图片库结盟，降低租赁图片库的价格。通过图片库的使用、图片代理，可以为图片库赢得35%～40%的收入（即可节约租赁图片总量的35%～40%）。

图片社会功能和经济功能

首先，报业集团图片库可以对外销售，实现盈利。其次，图片库可以作为其他视觉产业的平台。图片库一方面可以作为其他各种视觉产业的平台，为版画、绘画、书法等艺术作品提供一个销售平台，甚至可以和艺术收藏市场相结合，实现线上和线下营销的结合；另一方面，创意产业具备大量图像资源，同时也需要大量的图像资源；再一方面，建设图片库，有利于构建当地创意产业的聚合窗口。再次，图片库可以作为城市内宣和外宣的重要内容资源。图片库作为党委和政府的重大活动、社会事件的记录，能够为当地社会变迁提供文化印记。最后，图片库为各类公益事业提供有用的图片，促进社会公益事业的发展，提升报业集团的美誉度。

实现知识的报酬递增

共享图片不同于传统的有形资产，有形资产的价值会因分享而递减。图片作为无形资产，使用的人越多，越能发挥其价值，而且，通过图像使用者的补充、强化、验证、改正、改善等，还可以使图片呈现报酬率递增的特点。通过知识的共享与传承，可以促进图片的加工和整理，提高图片的价值递增。

基于对未来的假设：图片库作为一种领先战略

第一，通过图片库建设，抢先占领产业链上游。图片库的建设不但可以占据当地，辐射周边甚至是全国传媒产业，而且可以上溯产业链上游，通过图片俘获下游媒体，进而在内容方面取得同行业的领导地位。第二，在未来发展格局中抢先一步，获得领先地位。第三，图片库的发展与知识产权的发展相并行，等到未来知识产权状况完善之后，再进入图片库产生的难度会较大，图片资源会被其他图片库所垄断，竞争变得越来越激烈，所以要及早谋划。第四，抢先赢得虚拟资源。报业集团大量的图片资源，需要抢先注册成本集团的知识产权，另外，正在生成的大量的图片也在寻找知识产权，聚集大量的虚拟资源将成为图片库竞争力的源泉。第五，抢先获得用户资源，占领用户心智。通过建立和企业用户之间的联系，建立普通用户对于图片库内容的认可，可以建立起图片库的销售渠道和使用渠道，建立起用户的依赖路径，为争夺用户资源打下基础。

◎ 上篇 报业集团图片库的建设、发展和开发

1　图片库对图片的搜集

1.1　图片库对入库图片的要求

作为图片库，一般会对图片提供者提出各种要求。有许多报社的图片库对自己的摄影师有具体的拍摄数量的要求，对照片也有一定的要求。例如，证券时报要求摄影记者每年上交摄影作品500幅以上，同时也限定了摄影记者外拍的要求。

1.1.1　图片库对图片的形式要求

一些著名的杂志社、报社和图片库都对摄影师提出工作上的要求。综合《生活》杂志和国内的新闻摄影师的长期拍摄习惯。按照工作需求可以对摄影师提出拍摄注意的几项要求。

第一，设计每次任务的图片数量：可以拍摄 6～8 张图片。第二，可以设置拍摄角度，如，全景、特写、横图、竖图等。第三，需要展示事件的叙事顺序：事件的开始、发展、高潮、结束。第四，对图片内容的要求：当事人的情感、客观的立场、内涵丰富、信息丰富、人物关系、典型物品。第五，可以提出技术方面提出要求，如，全景图片库要求、图片的大小在 25M 以上，扫描存储的图片存成 TIFF 格式，文件量不应小于 40M。目前市场上适用于为图片库拍摄照片的数码相机很多，但根据图片的不同用途，对数码相机的要求也不同。第六，对色彩的要求：图片库对图片的色彩饱和度、色相等方面提出了一定的要求。例如，大部分图片库都要求图片的饱和度高，避免色彩驳杂，色相纯度高。第七，对图片配文的要求：图片配文需要真实地反应所拍摄的时间、地点、事件的发生过程中的重要时间点，对拍摄时的场景、天气、拍摄的机器、拍摄的各种参数的描述，对图片内容的描述都必须准确。例如，对图片内容的情感、颜色、场景等展开描述。有了这些内容的描述，在海量的图片库中被检索到的概率会增大很多。因为图片的意义具备一定的模糊性，所以能够被查询到、搜索到，证明这张图片是存在的，查不到则意味着不存在这张图片。

1.1.2 图片库对图片的内容要求

对于新闻摄影照片来讲，真实性是最关键的要求。新闻图片常常需要一定的后期加工，但新闻摄影的真实性的基本原则不能动摇，即后期处理不能过当，否则成为虚假的照片。

例如，英国报道摄影师协会将数字后期处理分为 5 个级别。第一级暗房常规操作：为了还原影像应有的表现而校正色彩、影调、反差和饱和度做轻度的局部减淡和加深操作。第二级暗房表现操作：有限的色彩调整，较重的局部减淡和加深，非正常的饱和度与参差调整，使影像成为对现实的诠释。第三级轻度修片：使用裁切之外的手段添加或删除元素，不改变影像传达的根本信息。第四级常规修片：为了强化或改变影像传达的根本信息而向影像中添加或删除元素。第五级影像蒙太奇：使用多张照片中的元素创造一张不忠于现场实际情况的照片。该协会认为，对于新闻照片而言，第一级、第二级的调整可以接受，第三级的调整在有注明等少数情况下勉强可接受。①

---

① 黄一凯：《处理的"真实"和真实的处理》，《中国摄影报》2012 年 3 月 13 日，第 1 版。

对照片拍摄的具体要求

对于图片库摄影师来说，因为照片需要经过后期处理，所以在拍摄上不必过分拘泥构图，应在图片上留有空间，特别是在照片的上部或者下部，这样可以让图片编辑、艺术总监、设计师在留下的空间中进行再创作。同时，尽量让照片的背景更简单，切勿让背景复杂化。这样编辑和艺术总监可以在背景上做他们喜欢的文章。

尽可能换用不同焦距的镜头，对一个被摄物不断改变拍摄距离和拍摄角度，多拍几张照片，给客户更多的选择余地。同一个图景，不但要使用横拍，而且要使用竖拍，以便为后期的图片使用提供更多可能。

要对图片有详尽的说明，尤其是一些具有历史意义的资料。如果拍完之后没有留下记录文本，其价值就体现不出来。拍完照片之后要及时、尽早地整理照片，撰写内容配文。整理好的照片资料详细，能从多个方面为客户提供关于照片的详细参考。如果拍完没有及时整理，那么图片很快被淹没在茫茫图片库中。相比之下，哪怕别人拍得不够好，但整理得好，该图片也获得了商机。

新华社图片库的要求为，"首先描述画面的事实，包括日期、人物、事件等要素必须精确严谨，然后说明新闻事件的背景，最大限度地保证新闻的真实性和客观性。标题要体现新闻价值和新闻热点，不要用华而不实的虚题。除非画面上有需要特别指出的情况，同一新闻事件的不同画面要使用同一标题。对于画面的描述要言简意赅，必须用明确客观的语言点出新闻价值所在；画面中的人物应标注位置，对其他可能引起读者疑问的地方也应予以说明；尽量不要揣摩人物的心理活动并加以表述，若确有需要，应避免带有倾向性的描述。背景说明即交代缘由、意义或过程的文字应明确严谨，不要用含糊、情绪化的语言误导读者，不要牵强附会；文字要言简意赅，删除不重要的细节或与新闻事件无关的扩展性描述。即使是配文性图片或经济新闻背景图片，文字说明与图片之间应存在有机的联系；对于自己不清楚的情况，不要随便添加，别寄希望于编辑把关，文责必须自负"。

财经类图片的要求

图片库的摄影师需要注意对日常事件的拍摄。摄影师不但要为图片库提供各种必需的图片，而且要提供许多未必急需的内容，以便积累多样的题材和内容资料。例如财经类照片。财经新闻涉及的范围较广，可视性不强，重视理性和抽象的内容，该类作品的拍摄难度较高。这种情况下，就要求摄影师要拥有所在行业的基本图片、所在的行业的各种详细资料，如某单位的厂矿、厂房、大楼、机器、员工、产品、领导等各种基本信息。这些信息都能够从多方面呈现该单位的情况，从而为该行业提供丰富的资料，一旦这个行业有事，可以迅速调集该行业或者该单位的各种相关图片，避免临时抱佛脚，忙不择图，随便找张图凑数。"财经类图片的系统性不强，没有形成以人物、机构、事件为主体的专业资料——图片库。这些图片必须定期更新，否则无法满足媒体对即时财经资料——图片的需求。"① 许多财经新闻报纸和杂志在一般情况下，缺乏这些图片，图片库将这种图片搜集起来将会大大解放财经报道的找图难的问题。

插图与摄影

财经类栏目常常面临的问题是，理性的、抽象的甚至是虚拟的东西无法用图片表现出来。普通的财经类照片的拍摄存在现实场景动感不强的缺点，无法表达出财经信息瞬息万变的特点，于是，插图摄影成为财经类图片拍摄的必然选择。插图摄影是在创意思维的指导下，将摄影作品经过后期加工、剪裁和描绘，最终用来表达某种观点或者观念的摄影作品。插图摄影能将文字难以表达的对象展现出来，将最难以视觉化的事件、观点用图像展现出来。例如，安妮·莱博维茨为美国奥运队拍摄了系列照片，刊

---

① 翟铮潇：《财经类图片的困境与对策》，《中国记者》2011 年 9 月。

登在《Vogue》上。照片将不同场景中的人物组合起来，将不同特色的现象组合起来，通过视觉语言来制作插图摄影，获得了良好的效果。迪士尼公司邀请安妮·莱博维茨制作了一系列宣传照片。在这组照片中，朱丽·安德鲁斯、阿比盖尔·布莱斯林、英伦女星瑞切尔·威兹、网球明星费德勒、足球巨星大卫·贝克汉姆、演员斯嘉莉·约翰逊和歌手碧昂斯等分别扮演了童话中的人物。这一系列照片，是摄影师将真人和虚拟空间结合起来，通过视觉语言的组合，制造出梦幻、神奇或是诡异的场景。所以，在图片库内容聚合中，要收集足够多的相关内容，以便为后期的制作和加工提供丰富的原材料。

1.2　图片库的图片入库方式

图片入库既是图片库本身的问题，也是解决集团和各子报、子刊之间的统分关系的问题。图片社的数字化性质，能够打破各个部门之间的壁垒，提升各部门之间的合作能力，界定其相关的职责和权限，为报业集团提供有序的竞争环境。

图片库需要对报业集团的子报、子刊做出规划

要将图片的入库，图片库需要制定大的方针、政策和导向，引导各个报社搜集图像的领域、范围、进度表，并对此做出长远规划。例如，胶片、照片等材料比较珍贵，数量也较少，当搜集这些内容的时候，需要的时间比较长，可以按照该各报社的图片拥有量来有节有序地定要求。

图片库需要建立起一套切实可行的奖惩机制，并有效鼓励和引导各个子报、子刊积极上传图片。每个子报、子刊需要安排专人搜集图片，并及时上传到图片库，接受图片库编辑的管理。例如，上海报业集团旗下的各个报社都有一个负责图片审核的编辑，负责将本报社记者拍摄的图片上传到集团图片库。图片库可以对各个报社展开评比，进行奖励和惩罚，激励其与集团合作的积极性。例如，大众日报报业集团对未能入库的记者做出处罚，凡是上传到图片库后被其他报社使用的，给予记者一定的稿费。

扫描图片的入库

报业集团有许多胶片、纸质图像，图片库需要通过扫描、翻拍将图片入库。这部分图片资料基本上都在传媒集团的各个报社、杂志社或者网站里。各个报社拥有大量的图片，但由于存放的地方、方式不同，又存储在不同的人员那里，常常造成图片的库存混乱，即使在本报社内部，也难以将内部资源调用出来，所以统筹就显得格外重要。统筹要将这些内容从个人、报社、杂志社及其他部门那里收集上来，再将其整合起来，与报业集团的图片整合在一起。

对扫描和翻拍形成的数字化图片需要做前期编辑，此时一定要抓住所拍摄的时间、地点、作者、光线、使用的机器、内容、分类、事件、情感、景物、环境、评价等因素，在图片描述上列举这一系列关键词，在最大限度上展示图片的文字信息。

图片库所搜集的照片要尽可能保存未经编辑处理的原始影像，以最原始的状态保存底片。对于初次扫描的底片和照片，一般不做技术处理和美化，尽量保持照片的本真状态，以便图片使用者随时进行后期加工。

对于搜集图片入库的顺序，可以根据拍摄时间的远近，或者以栏目为顺序，或者以拍摄者为顺序，或以存储的方式为序（胶片、数字、复印、翻拍）进行搜集。具体根据其难易程度而定，一般是由简入难、由以规范程序到以内容管理、由数量到质量的过程。

如果以时间为序搜集入库图片，那么由远到近便于搜集，因为越久远的照片，保存越是存在问题，越容易丢失。各个报社之间人员的流动、流失也会造成这些图片在一定程度上遗失。但是存在的问题是需要经过翻拍、扫描、冲洗等环节，程序比较复杂，也存在材料搜集的困难，因为储存物质性图片的时候往往不是以时间为顺序的。

如果以（存储）种类为顺序搜集图片入库，如，数字版的、胶片的、纸质的等，则可以进行流水线工作，工作的流程化加快了图片的处理速度。但这样做的缺陷是无法按照时间来归类，所以在数字化过程中要将固定的时间、分类等确定下来才能展开存储。

如果以图片的（特征，例如时政、社会、娱乐等）类型为出发点搜集图片入库，明确其分类，可以根据部门来收集图片，这样管理起来比较方便，但问题是搜集难度较大，整理难度较大。有很多报纸或者是胶片难免需要翻两遍甚至是多次翻动，造成组织成本较高。

所以，建议以图片存储的方式为主轴，以时间为辅轴，以图像现有的存储方式展开搜集。从时间较远的年代开始搜集，如果中途遇见其他储存方式的图片，也可以直接录入，但是要注意分类管理和调整。

1.3　集团既有资料的入库

报业集团内部有大量的图片资源，每种资源都需要根据其特征逐渐纳入集团的内容资产中。

报纸版面的入库

报业集团旗下有许多电子报纸，这些报纸版面既是内容也是图像，是重要的知识资产。但当前国内知识产权保护和开发有一定难度，其重要作用还没有凸显出来。这些内容作为重要的资料已经受到一些报业集团的重视，有一些报业集团已经不再将内容的电子版上传到网上，有些只是将当天的电子版上传到网上，第二天便撤下，通过这种渐进的方式逐渐保护其知识产权。目前大多数报业集团的报纸都在网上将这些版面以 PDF 格式展示出来。这些版面可以上传到图片库，以备以后开发。

报社旧有的图片

国内的报业集团有过辉煌的历史，也拥有大量的摄影师。这些摄影师曾经用相机记录下重大事件的发生，记录过整个城市的发展。但是有许多照片由于年代久远，管理或者储存不完善，图片分散在不同的受众那里。当时的产权状况不明，一些摄影师不愿意将照片贡献出来，报业集团需要用一定的激励机制来激励他们将图片贡献出来，或者通过举办活动，或者通过利益驱动，或者通过荣誉引导的方式，来促使他们将持有的图片上传到图片库。

旧底片的扫描入库

旧底片入库的方式多种多样，主要是用扫描的方式。例如，用滚筒扫描仪来扫描。这种方式的优点是：信号稳定、几乎不会有电噪音、扫描准确，由于是点扫描，所以比较清晰、锐利。其缺点是价格昂贵、操作复杂、需要专业操作人员，不擅长扫描负片，很多专业平台式扫描仪的扫描效果已经追上了滚筒扫描仪，滚筒扫描仪有淡出市场的趋向。

使用底片扫描仪来扫描。底片扫描仪比一般的平板扫描仪扫描品质会好一些，不必考虑反射稿的光路，可以提高品质。比起一般的平板扫描仪，底片扫描仪的故障率相对较高，由于胶片扫描仪的坚固性较差，故障率要远高于平板扫描仪，但对于使用不频繁的摄影，是个不错的选择。另外，目前用量最大的还是平板扫描仪，使用方便、速度快，备受青睐。

图片库和各大报社、杂志社的关系

国内报业集团大都拥有多家报社和杂志社，这些报社和杂志社每天会产生大量的照片。大量的照片作为报社的资源非常有用，但是存在以下问题：其一，这些图片资源并不一定会被本报社用到；其二，各报社为了强调信息上的独家权，概不外泄，但在信息瞬息万变的今天，独家新闻越来越难，新闻的视角和角度越来越重要；其三，这些资源迫切需要开发其价值，而作为报社和个人的开发能力均有限，很难让图片发挥其应有的价值。图片的开发需要在一个较大的平台上，但国内的报业集团目前还没有展开图片对外营销，甚至很多报业集团都没有图片库，造成了图片展示和图片价值开发很难。图片只有流动起来才能实现价值，图片库如果能为各大报社和集团提供图片展示平台，那么将有助于图片的流动。

图片库作为新闻网的视频之间的平台

报业集团旗下有许多网站，这些网站或者出现强烈竞争，或者出现错位竞争。采编人员在职务之内会创造大量的照片，这些照片的尺寸和报纸相比，特色明显、尺寸更大。图片库需将网站、视频和报业集团图片库对接起来，便于集中开发和利用。

图片库在发展中不断扩大其定位

新闻图片库的内容一般包括以下几种内容：国内社会新闻、政治、经济、娱乐、国际时事、政治、经济、娱乐、商业、创意设计和艺术品等。搜集新闻类图片是报业集团图片库的基本工作，通过这些图片的下载量和使用量能对市场进行试探，先了解市场基本情况，再向相关的方向拓展，最后壮大图片库的力量。另外，由于创意设计图片和艺术品的图片价值较高，这些内容作为图片库的盈利点将会起到很大作用。这些不同类型的图片形成不同的客户群，产生不同程度的功用。图片库及其内容见表1-2。

表1-2 图片库及其内容特征

客户群	客户群职业构成	客户群需求特征	竞争力定位	图片库类别
报纸、电视台	图片编辑、视频编辑	对热点事件的及时跟踪	时间性	社会、政治、经济、娱乐新闻
报纸、电视台、杂志	图片编辑、视频编辑	对热点事件的深度报道、跟踪报道	深度、冲击力、内涵、信息量、新闻敏感性	政治、社会、文化和娱乐新闻

客户群	客户群职业构成	客户群需求特征	竞争力定位	图片库类别
商业客户	广告商、企业策划和宣传	品牌打造能力强	多样、多元、范围广阔	以财经图片为主
创意设计	广告商、网站设计等	对意义、审美趣味的要求较高	图片质量、艺术魅力、创新性	以创意图片为主
艺术品爱好者	画家、艺术品商人、装潢商人	多种趣味，但是高品质的图像	经典、高度创新、丰富的意义	绘画、雕塑、工艺品等的图形

1.4 其他图片内容的入库

报业集团建设图片库不仅要着眼于自身的资源，而且要面向社会，搜集各种资源，构建多元包容的图片资源库。

各种监视系统的图像

当代社会已经进入"监视社会"，公共空间安装着各种监视器材。它们构成一个庞大的监视系统，能够全天候、全方位拍摄公共空间中发生的事件，能将公共空间中的事件全部记录下来。

但是这些图像缺少管理，主要存在的问题为以下几点。其一，这些摄像头所拍摄的内容分属不同的部门管理，由不同的单位整理和存储，要查询这些图像必须联系不同的单位，这些信息和图片库之间的签约和整合有一定难度。其二，这些内容牵涉到社会管理、隐私等问题，与一些单位的合作并不容易，对这些图片的提取要跨过严格的权限门槛。其三，许多拥有摄像头的单位定期会销毁大量的视频内容，会造成大量有价值的视频的丢失。其四，监视系统的图像有很多是出于公共服务的目的，也有一些牵涉到相关单位的商业机密，所以需要和这些机构签订相关的合约，一方面保护该单位的机密，保护个人隐私，另一方面将影像中最具新闻性的内容发掘出来。

　　图片库需要与管理摄像头的机构建立合作关系，丰富其图像资源。在危机事件的新闻报道中，媒体所引用的图像来自事故现场、人物精力的各种场景，各种相关的监控视频等，公众舆论对该事件的讨论都围绕着对相关图像资源的取证。这些视频、图片成为后来媒体引用最多的图像，也是新闻价值最高的图像。由于管理摄像头的单位较多，所以很难将全部视频和图像纳入图片库。所以，需要选择一些大的主管单位进行搜集，最大限度地搜集图片，另外，和一些最能产生新闻的单位签订合约，将其纳入新闻图片库。这些看似散乱的图片和视频，是丰富的生活信息。它具有大数据的特征，图像内容数量庞大，每个图片或者片段的价值都不一定很高，但合在一起会产生巨大的价值。

　　各种活动和会议的照片

　　新闻现象有一个重要的特征，即当某一事件发生之后该图像就成为资料图像，价值不高，可以先作为资料照片存储下来。但是当相关事件发生并成为重大新闻的时候，过去的图像便会受到关注，便具有了较高的参考价值。如果图片库中有大量的相关内容，那么集团会在较短的时间内，组织大量的相关内容，以便对事件进行深度阐释。各单位所组织的活动以及各单位的会议会产生大量的图片，这些图片也可以作为图片储存起来。对于可能有新闻性的热点人物、事件应尽可能地搜集他们的照片，通过这些照片的积累，为以后的各种报道提供最佳条件。对于明星，他们的各种照片成为以后反复引用的资料；对于升迁的官员，他们以往的照片会成为对其政治生涯进行阐释的最佳手段；对于一些商人，需要照片阐释行业的变化和他们事业的变化……

　　微博或者博客图片

　　微博和博客图片属于共享型内容，其中有大量的有趣、有用的照片，而这些内容散落在网络空间中，需要将其集中起来，进行内容资源管理。由于共享内容的信息量有限，这类图像在入库的时候，必须由编辑加上关键词、出处、作者、时间、地点、事件等相关信息，便于以后查找，而且，这些图片的知识产权还没有严格和明确的界定。目前就微博图片的知识产权归属有两种相互对立的争议，一种认为，微博内容属于共享内容，不应该有知识产权的问题，是网友免费、公开地希望他人来分享其兴趣和爱好的内容，对这类图片的引用不应该构成侵权；另一种说法是，微博内容也是个人的作品，个人应该有所有权。暂就其知识产权问题搁置不论，其著作权是必须得到认可的，其来源追踪是需要的。通过对该类图像的编辑，有利于知识产权问题发生变化之后做出相应的应对。

许多新闻事件发生之后，记者赶到现场需要一定的时间。文字记者可能会通过采访、笔录等形式逐渐还原事件，但是事故发生的稍纵即逝的特征导致图片难以再现。许多围观群众、见证者和当事人，往往会在第一时间拍下事故现场。所以目前许多照片并不是记者亲自拍摄的，而是从现场群众那里获得的。很多人都是"微博控""微信控"，会将照片即时上传到自己的微博和微信中，有经验的编辑在报道事件的过程中，会将这些照片搜集起来，与博主联系，获得授权，将其作为报纸、杂志、电视台的报道材料。在媒体第一轮的使用后，图片库需要将这些照片加工、整理存入图片库，等待图片价值的深度开发。

1.5 图片库编辑的定位

图片在入库的过程中，会出现一系列问题，如，图片质量不高、格式不符合要求……这些问题能随着时间的变化得到解决。例如，《证券时报》在开始给记者提出拍摄要求的时候，记者刚开始提供的照片质量不高，经过反复培训和沟通，照片的质量才有所提高。图片质量的提高需要一个过程，图片库需要耐心等待员工技能的提高。但存在的问题是，效果不理想的图片和效果较好图片放在一起，随着图片数量的增加，高质量的图片会被淹没在整个图片库之中。解决这一问题，可以让编辑给图片打分，通过分值来对其出现的顺序进行排名，以避免图片以次充好。随着摄影记者拍摄水平的逐渐增高，质量不高的照片会淹没在图片库里，逐渐淡出用户的搜索范围。

1.5.1 重视真实性

对图片真实性进行严格的甄别

新闻媒体对图片的真实性有着严格的要求，务必保证媒体的公信力和声誉。但是，媒体在时间紧迫的条件下，编辑为了尽早尽快地发表照片，对照片的识别不到位，甚至会刊发造假照片。作为新闻图片社，其定位和受众需求决定了其对图片的真实性要求较高，对图片的质量要求较高，只有保证了这些才是新闻图片社的生存之道。数字图片需要依赖其技术优势、编辑人员的智力优势来审核图片，并且根据图片的新闻价值研究图片的真实性。

当图片社所收录的照片是报业集团记者所拍摄的时候，问题并不会很大，因为报纸对记者有较为严格的管理和制度规定。但是当面对签约摄影师的作品时，很难保证图片在拍摄、编辑和管理过程中的真实性。对签约摄影师、拍客和网络图片的采集，主要考验图片编辑对新闻线索的追踪能力、技术水平、图片编辑的技巧、沟通能力和甄别能力，这需要深厚的图片认知能力、丰富的学识和快速的判断力。

图片真实性的检测机制

面对虚假图片，"媒体应该建立有效的'预警机制'，对信息源进行有效的筛选和掌控。首先，要有明确的准入机制。哪些人或者机构发布的图片可以用，哪些人发布的图片慎用或者不可以用，应该规范、清晰。其次，要有严谨的纠正机制，出错是难免的。《纽约时报》二版经常刊'勘误'，并不表示它不是一个严肃的媒体，恰恰表明它有错就改。第二，建立严肃的处罚机制。造假者一旦被发现，直接进入黑名单"。①

路透社、法新社常常聘用本地摄影师为国外提供新闻摄影，同时派遣一个或一组有丰富经验的图片编辑或摄影记者总体策划、协调管理。

新华社在管理和监控新闻图片的真实性问题上制定和实施着一套严格的规章制度。首先，在合作之前，摄影师需要与新华社签署严格的供稿协议，其中对稿件的真实性做了明确的要求；其次由于新华社是国际性通讯社，报道面广，对国内外签约摄影师实行属地管理原则，有专人负责考察签约摄影师，并对其提供图片的真实性进行第一道把关；再次，在北京总社设立专门的网络新闻图片编辑室。

CFP 视觉中国的图片基本由签约摄影师提供。这些摄影师不像传统媒体雇用的全职人员，他们并不受严格的行政机构制度的制约，那又如何来保证他们提供的新闻图片保持真实性，不会为了图片更有"视觉冲击力"、好卖而在图片上做手脚呢？CFP 视觉中国总裁柴继军一语道破他们的撒手锏："在和他们签订的供图合同里明确规定，如被发现图片有问题，造成损失，将保留诉诸法律的权利。这个很重要，有震慑作用。"CFP 视觉中国一旦发现哪位摄影师提供了虚假或改动过的图片，立即会与摄影师解约，再好的照片也不要。在公司内部，CFP 视觉中国加强对新编辑的培训，通过案例来提高图片编辑的辨识能力。

《广州新快报》特设了一个专版"手机部落"，刊登的照片全是普通百姓用手机抓拍的新闻图片。百姓将照片传到报社，同时自动留下手机号，报社会通电话核实新闻内容。因为是手机拍照，所以也不会出现在电脑上改动照片内容的可

---

① 宋晓刚、王海燕：《数码时代，图片编辑面临的新课题》，《中国摄影报》2010年6月22日，第3版。

能，保证了照片的原始真实性。①

1.5.2　图片编辑的核心任务

图片编辑的重要工作在于为图片库做出策划

编辑需要根据图片库的定位、发展方向、发展空间等问题确定当前所需要的图片。对于图片库所缺少的照片，提示摄影师拍摄；根据市场所急需的照片，鼓励摄影师去拍摄；根据图片销售的特点，提示摄影师去拍摄；根据客户要求，组织摄影师拍摄。图片编辑需要通过对市场现状、市场需求等情况来预判需要拍摄的主题类型、图片特色，并且策划拍摄的方式，以满足市场的需要。

图片编辑实现摄影师与图片库的对接

图片编辑是摄影师与图片库之间连接的纽带，需要对上传的图片进行审核、调整，并将其存储到图片库中；对图片描述、对图片编辑中的失误做出修改；对图片进行分类管理、打分处理，提高图片在图片库中展现的可能性。

图片编辑要做好图片系统的管理

图片编辑主要将精力放在图片库的系统管理和应急管理上，沟通图片提供方和图片客户，分析图片市场，专注图片发展等问题。在图片库运行规范上，要将图片编辑从复杂和烦琐的劳动中解脱出来，面对大量的库存内容，如果让图片编辑来做这些工作容易造成资源浪费，应将工作的任务分解开来，让更多的人参与，或利软件技术解决这些问题。

图片编辑的主要任务在于将市场需求和摄影师联系起来

图片编辑主要给摄影师提供信息指导、要求，以及摄影题材

---

① 　宋晓刚、王海燕：《数码时代，图片编辑面临的新课题》，《中国摄影报》2010年6月22日，第3版。

的及时沟通。对重要事件进行策划，与摄影师深入沟通，让摄影师了解图片库的基本需求。对摄影师的文字、拍摄角度、创意、意义提出要求，及时获取摄影师和摄影记者的反馈信息，做到对不断变换的市场的及时把握。"Getty Image 是同行业中少有的建立了专门的需求调查和市场营销部门的公司。专业的需求调查人员负责为公司提供关于市场潜力的数据，以便管理层做出关于资源配置的决策。市场营销人员则通过多种媒体的广告打响公司的知名度，并直接负责发展公司客户。"[1]

细心的摄影师会发现，"所有的图片库网站都有指导方针，应该遵循这些指导方针来提高上传照片的成功率。这些指导中一般都会包括一份详细清单，说明他们需要什么样的照片"。[2] 这份详细的清单以及最近需要的照片类型、照片主题、照片的特征、照片销售排行等，都是图片编辑对当前图片销售现状的总结。图片编辑的重要任务在于将这些要求提供给摄影师，让摄影师有的放矢地去拍摄图片。如果摄影师仔细研究了这份清单，那么他拍摄出符合要求的照片的可能性便会更大。

图片库往往通过大型的软件技术解决许多工作任务，提升工作效率。例如，马格南图片库在 2010~2011 年中，通过软件升级处理了该图片库系统中的内容。

玛格南图片社差不多将它们现存所有 50 万幅数字图片的关键词重新整理了一遍。这家传奇图片社与纽约泰格萨瑞斯公司（Tagasauris）合作开发了一款基于网页的媒体标记工具，借助亚马逊公司土耳其机器人（Mechanical Turk）提供的大量在线人力资源，解决了过去极为耗时的元数据编纂工作。

---

[1] 贺璐：《图片库市场研究：Getty Image 何以成功》，《新财富》2007 年 3 月 21 日。

[2] 《图片库照片销售指南（一）》，http://www.nphoto.net/news/2010-05/07/b54f9cb90c8509202.shtml。

土耳其机器人相当于一个"人才市场"，让商家和开发者能够"根据需要雇佣数量相当的劳动力"。这一网络服务始于 2005 年，用户可以在上面发布人类智能工作（Human Intelligence Tasks）。顾名思义，这种需要人力辅助完成机器不能轻松完成的工作，例如解读照片、理解照片中的主要视觉元素并用语言概括。任务的响应者可能来自世界各地。有的任务只需注册就可以做，但有些任务需要完成相应的资格测试，例如泰格萨瑞斯把关的玛格南关键词编纂任务。

根据玛格南图片社网络内容主管米格·扬（Meagan Young）的说法，通过新系统发送出去的照片，每张至少都会有 8 个人为其编写关键词，不到一分钟就能返回结果。经过去年夏天的小批量测试后，他们就开始以两万张照片为批次发送编写关键词。"这真的很让人开心"，她说，"只要几周时间，就可以把所有图片的关键词写好"。

对现有图库的关键词编写工作按计划将在今年 12 月完成，随后玛格南将添加更多来自其成员摄影师的作品。新的作品一经收录，会被立刻编写关键词。此前，在玛格南图片社位于巴黎、伦敦、纽约、东京的 4 处办公室单，有五六个人在负责元数据的编写工作，他们的图库单有大约 20 万张照片没有图片说明或关键词信息。

试行结果显示，每幅照片的关键词编写者为 4~8 个最为理想，人数再多就会导致重复。大多数照片送出去有多少关键词，回来还是多少个，但新的关键词更加精确恰当。这归功于另一项创新：新的关键词和一个语义数据库关联，每个关键词的含义都能被关键词编写者和文件数据库同时识别。[1]

---

① 黄一凯：《让用户更方便地检索图片　标签游戏：玛格南营销新手笔》，《中国摄影报》2011 年 3 月 15 日，第 1 版。

1.5.3 图片编辑任务的大规模协作化

图片库编辑不需要从事大量的图片编辑工作，而需要通过大规模协作，将简单的图片内容编辑和加工分解到摄影师和普通图片编辑手中。由于大规模协作的兴起，大量的工作都可以通过大规模外包的形式完成。通过大规模协作，让大量的烦琐的图片的前期编辑、图片配文、图片内容的后期管理等过程都分解到摄影师手中，便于图片库的管理。例如，"2005 年 11 月才成立的 Fotolia 仅靠 15 个员工就完成了建站及维护"。①

图片库的大规模协作优点表现在以下几点。第一，图片拍摄者本人亲临现场，他对照片最了解，知道拍摄的对象、拍摄的场景，时间、地点、人物、人物的相关状况，以及事件的发生、发展和结束的整个过程等因素。拍摄者本人对图片进行美化、编辑，并且对图片配文最准确。第二，图片拍摄者具有更大的知识盈余。当代社会的教育水平非常之高，互联网将全球几十亿人口连接起来。而这些人的自由时间都没有被充分利用起来，我们可以将这些有知识、懂技术的人的剩余时间称作认知盈余。"认知盈余并不等同于这些散落在全世界的自由时间的简单相加；相反，它是所有人共有的。要想让这些盈余的自由时间变得有用，就必须把所有人的时间都结合起来。同时，只有在适当的机遇来临时，这一切才可能付诸实践。"② 图片库则充分使用了图片上传者的认知盈余，让他们积少成多，积水成渊，让图片库成为图片资源的集合体。第三，图片库作为内容聚合体，可以聚合成内容的长尾，产生巨大的长尾效应。对于图片库来讲，它可以将受众的认知盈余聚合起来，形成巨大的内容池塘。对于职业摄影师和职业记者来

---

① 赵文君：《图片媒体的数字化商业模式——以盖蒂图片社为例》，《中国记者》2009 年第 1 期。

② 〔美〕克莱·舍基：《认知盈余：自由时间的力量》，胡泳译，中国人民大学出版社，2011，第 111 页。

讲，他们是长尾的头，为图片库投入大量的内容资源。签约摄影师和其他爱好者则是图片库长尾的中部，他们能提供专业摄影师所不能提供的，却是独特的内容。大部分普通拍客成为后面长长的尾巴（见图1－1），为图片库提供了多元而又多样的内容。

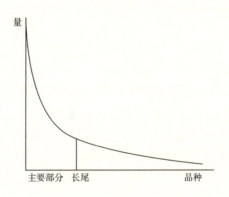

图 1－1　长尾理论示意图

按照图片的受欢迎程度，可将图片库的图片分为两类：一类是热销图片，另一类是非畅销图片。图片库作为数字化平台，存储的内容越多其储存和管理成本就越接近零。热销图片和非畅销图片之间的储存、管理和营销成本相同，它们在数字化平台上可以同台竞争。热销图片的开发价值很高，它们占长尾的头部，虽然数量少，但是点击率高、下载率高。另一部分图片是非畅销图片，它们构成了图片库的大量库存，能够聚合资源，其丰富性吸引了更多的人员，它们构成了长尾效应的尾巴。

过去的产业实行"20/80定律"，即20%的商家产生80%的销量和效益。而在长尾经济中，来自长尾的内容会产生巨大的效益，这种效益的峰值不在长尾的头部，而在长尾的中部。例如，从谷歌的广告发展经验来看，谷歌的 AdSense 面对的广告商不再只是大型广告商，而是为成千上万的广告商提供了大量廉价的广告，这些廉价的广告造就了 AdSense 辉煌的业绩。

2 图片库的组织和管理

2.1 图片库与本集团记者的关系

报业集团图片库的入库主要是对各种类型的图片库进行搜集，即对本集团摄影师、签约摄影师、各种文化传播公司、各种拍客所生产的图片的管理。其具体图片搜集和管理见图 2 – 1。

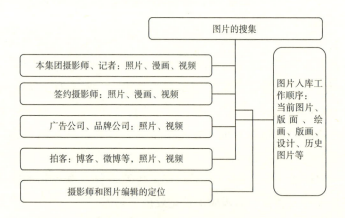

图 2 – 1　图片库的图片搜集系统

2.1.1　对摄影师的管理现状和问题

目前国内报业集团的图片库发展缓慢，一个重要的原因在于对摄影师的管理。这一原因主要表现在以下几个方面。

报业集团对摄影师的管理困境

目前报业集团对员工所拍摄和加工的图片的归属权和产权的界限模糊。虽然传媒集团也根据知识产权法做出相关规定，但是很难规范摄影师的具体工作。新闻记者或者摄影师会利用工作之便，将所拍摄的作品卖给其他的报社、杂志社，甚至将最好的照片卖出去，以追求利益的最大化，将普通的图片上交本单位。另外，某些职务工作范围内的照片在工作中被收藏起来，时间一久就被忘记存放地点。这些照片很难被保存在集团中，集团要使用这些照片必须向摄影师本人讨要。"人走资料走，人走图片走"的现象很多，当摄影师离开单位，摄影照片也跟着流失了。

报业集团对外包摄影师的重视程度不够

传媒集团总是重视用自身采编力量所生产的图片，往往缺乏对编外摄影师所拍摄的图片的重视，也缺乏对其他非专业摄影师的作品的搜集。这样的结局是，图片资源的短缺和单一化，很难在最大限度上扩大图片的资源量。有些报业集团虽然建好了图片库，但是图片库里的作品常常是员工的职务作品。有些报业集团也签了一些编外摄影师，但是常常是"轰动一时"，一次性签约，后来不了了之。报业集团图片库缺乏对编外摄影师的激励措施，无法让其长期投稿。

报业集团对摄影作品的要求虽然也比较严谨，但是没有达到细致化和流程化，导致大规模定制的困难。目前报业集团图片库的摄影作品更加重视艺术表现，缺乏严格的流程规范，导致工作难以规范化，图片库编辑任务量大。图片库对摄影师的激励机制不够灵活，对摄影师的工作业绩和工作职责的区分不明显，往往造成摄影师的拍摄动机不强。摄影师难以从中获得较强的激励和较高的薪水。

报社的图片资源流失严重

当报业集团没有自己的图片库，没有一个随时可以提供给报纸使用的图片时，摄影师所拍摄的东西只能悄悄地睡在自己的电脑里面或者书架中。这些资源被忽视，会造成许多摄影师会将自己所拍的照片拿到商业图片库去售卖。商业图片库有自己较强的激励机制，能够让摄影师发挥艺术想象力、提高摄影师的责任感、满足摄影师的成就感，并且对摄影师提出严格的挑战。摄影师不但可以在商业图片库获得丰厚的利润，而且可以让自己的职业生涯变得辉煌灿烂。所以，许多传媒集团的摄影师不但服务于该集团的报社、杂志社或电视台，而且将自己没能用得上的照片通过图片库出售。如果这种趋势发展下去，摄影师难免会将最好的照片放在商业库出租，而将质量不够高的照片拿回集团。

报业集团面临着人力资源结构的变化

在传统报社中，文字记者的地位高于摄影记者，这种情况充分体现在薪酬待遇、考核、稿费和发展空间等方面。报社对文字的重视上还保持着文字文化的惯性，对图片在报纸的采稿、编辑中的地位还没有得到更大程度的重视。另外，许多报社现在不再招聘摄影记者，而是在考虑成本最低化的基础上，从网络或其他报业集团购买图片。摄影记者被归为图片编辑的行列，图片的搜集和后期制作在图片的使用中越来越重要。另有一些报业集团为了增强其传播能力，建立大型的图片中心，招兵买马，形成较强的竞争优势。

2.1.2 图片库对本集团记者的要求

报业集团的图片库，面临的主要对象是集团的摄影记者，这些报社的记者所拍摄的照片的真实性和质量一般都较高。即便如此，也要对之提出相关要求，规范图片管理。

根据图片库的特点向记者提出要求

图片库要向这些记者提出拍摄要求，便于记者能够满足图片库的需要。例如，《生活》杂志对专题摄影提出了几种要求：①故

事的开头，全景；②中景，一群人；③近景，一个人或某个局部
的特写；④肖像；⑤故事中最具典型意义的东西；⑥人与人的关
系；⑦故事发生的过程；⑧故事的结尾。美国《国家地理》杂志
的定位为全球各地的自然、文化和社会环境等问题，所以要求摄
影师拍摄以下图片：①人们的衣食住行；②地方的政治、宗教领
袖是谁；③生存环境地貌；④这些人用什么来赚取生活费用，赚
钱用来做什么。杂志和媒体因为自己的定位不同，对摄影记者的
要求也不同。

　　图片库的客户并不是某一家媒体，其对照片的要求需要根据
图片库的定位来设计。可以综合《生活》杂志和美国《国家地理》
的要求，在事件方面，要求记者拍摄事件的开端、发生、经过、
高潮和结果；在场景上要求拍摄全景、中景、近景、生活环境和
典型场景；在人物拍摄上，要求拍摄故事的主要人物、人物之间
的关系、人物特写、人物的生存环境、人物的衣食住行和经典道
具。这样的拍摄能够形成一组照片，既能满足对某一场景的需要，
也能满足组照的需要；既能满足某一家媒体的需要，又能满足其
他媒体的要求。

摄影编辑的工作向记者转移

　　在数字化时代，摄影记者的角色要从单纯的采集转向采编结
合。摄影记者对所采集的内容最为了解，再加上其能够最精确地
阐释所采集的内容，所以具备编辑图片的能力。此外，在大规模
的信息采集中，图片编辑的工作也需要向采集的上游发生转移。
"摄影记者在采集新闻图片的同时，其工作内容需要向图片编辑方
向转移和倾斜，以满足刊发要求，增强新闻图片的传播效能，放
大摄影者的工作价值。"①

---

① 刘学英、苏浩军：《也谈全媒体时代新闻图片的生产与经营》，《中国记者》
2010 年 9 月。

2.2 图片库和签约摄影师的关系

本地新闻必须保持着对全国性事件的关注，这样一来要么需要图片库的记者跑到全国各个角落，要么需要培养大量的外地签约记者，相比之下，后者的采编成本最低。本集团或者本图片库的摄影师由于技术、地域和时间的限制，往往不能第一时间赶到现场，所以必须依赖签约记者来解决图片不足的问题。一些报业集团的网站设立了签约摄影师制度，鼓励签约摄影师向网站提供图片。例如，《大河报》面向河南省的城镇招募签约摄影师，将他们所提供的图片汇聚到一起。

作为大型的报业集团，需要大量的、来源多样和真实有效的图片，这样才能在很大程度上提高报纸图片的质量，优化本集团报纸的版面。例如，《今日美国》在图片的使用上以大胆活跃见长，在对 2009 年和 2010 年同时期的相同版面样本的抽取中发现："《今日美国》用图总量 1070 张，其来源主要为各大通讯社，占到图片总量的 56%。本报摄影记者拍摄的图片仅占 35%，其他来源于资料图片、网站截图或受访者提供的新闻图片相对所占比重最小，约为 9%；而《新京报》982 张的图片总量中，本报摄影记者拍摄图片约占 48%，其次是其他来源的新闻图片，占到约 30% 的比重，而来源于新华社的图片总量仅占 22%。《新京报》比较重视本报记者的亲眼'目击'，大量运用由本报摄影记者拍摄的新鲜图片；其他这一类栏目里的新闻图片通常富有人情味、趣味性和情感性，主要包括通讯员摄影、资料图片、受访人提供的图片、CFP 视觉中国的图片等。《今日美国》充分利用了其他优秀媒体同行的资源。"①

作为美国报纸中以图片为主的报纸，《今日美国》更加重视图

---

① 何宇欣、张旭泉：《〈新京报〉和〈今日美国〉图片视觉传播策略比较》，《今传媒》2011 年第 5 期。

片的美观和质量，尽管自己报社有大量的图片记者和图片编辑，但其对其他图片库的租用远远大于《新京报》对外来图片的租赁，况且租用的图片库比较多元，以避免信息的单一化。排除地域因素的原因（《新京报》主要发行地是北京市，而《今日美国》是全国性报纸），这显示出《新京报》比《今日美国》更加重视自身内部摄影队伍的培养，由于国内图片的监管的问题，《新京报》的外来新闻图片依旧以新华社为主。作为以地方性报业集团为主的图片库，《新京报》对本地记者的培养是其图片生存的基本立足点。

2.2.1 以签约摄影师为主的图片管理规范

签约摄影师是图片库内容的主要来源

图片库通过异地签约，获取全国各地摄影记者的作品，通过电子媒介跨越地域的特性，为摄影图片库带来更大范围的摄影照片。例如，作为地域性报业集团，首先可以通过和周边城市的记者签约，实现以周边城市新闻题材为主的摄影。通过这种方式试探市场，完善自身的管理结构，调整自身的定位和发展策略。对签约摄影师的管理成熟到一定程度的时候，进一步将签约的范围扩展到全国有新闻价值的地方，逐步扩大到全国范围。

新华社的全国签约摄影师比较多。早在 2006 年，新华社总共有摄影师 100 多人，其签约摄影师有 3000 多人。他们遍及全国主要大中城市及县市，其中有 70% 为一线专职摄影记者，20% 为各地新闻干事，10% 为机场、海关、公安、消防、边防、铁路、医院等部门的摄影干事。尽管这 3000 多人中有许多非活跃用户，但是其在人数和作品数量上为新闻图片库的数量供应提供了可能性。

建立起以市场和受众为导向的图片管理系统

对签约摄影师的管理是以任务为主的管理方式来实现的，但是需要符合图片库的要求。具体管理流程见图 2-2。

签约摄影师向图片库提供图片，通过编辑和审查之后进入图

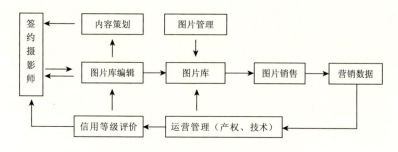

图 2-2　图片库对签约摄影师的管理流程

片库。图片库上的图片被点击、下载和采用，都会产生一些相关数据，这些关数据会反馈给图片编辑。图片编辑根据这些数据对下一次组稿、策划做出预判，将这些预判提供给签约摄影师，并根据图片库的数据对签约摄影师进行等级评估。另外，编辑也会根据反馈回来的数据对签约摄影师进行信用等级评价。

针对签约摄影师的图片真实性要求

图片库通过建立摄影师诚信体系来引导签约摄影师，诚信体系一方面可以对摄影师进行制度化管理，另一方面也可激励签约摄影师，将照片的真实性作为其工作目标。并在图片库上标出摄影师的诚信级别。"图片库要确保自己提供素材的真实准确，不但在编辑审稿以及审核注明摄影师时要严格把关，而且应为每个摄影师建立分级的诚信度档案，以便用户下载选购图像素材时做出理性选择。"①

新闻图片库对摄影师作品的真实性有较高的要求。这对于本报社的摄影师来说是比较容易的，因为本报社的摄影师是属于本单位管理，在身份和管理机制上都具有较为严格的规定。但对签约摄影师的管理就不那么容易了。CFP 视觉中国对签约摄影师的作品的要求较高，因为 CFP 视觉中国具有较高的平台价值，既能

---

① 徐和德：《建议图片库对摄影师标识诚信级别》，《新闻记者》2009 年第 9 期。

够让摄影师成就自己的摄影梦想，也能最好地实现作品的价值。CFP 视觉中国总裁柴继军声言，在和签约摄影师签订供图合同时，保留诉诸法律的权利，有震慑作用。通过法律手段解决图片真实性问题，一方面可以将图片库有可能出现的造假的损失分解开来，让摄影师承担自己必须承担的责任，另一方面也可以通过此种手段震慑摄影师，以免其一味追求照片的采纳率而运用非法手段。

对签约记者展开信息沟通，让记者知道图片库需要怎样的照片。图片库对市场所需要的题材、趣味、风格的变化比较敏感，常常通过编辑对图片摄影师提出要求，发布相关通知，摄影师则可以根据图片库的要求来拍摄照片。图片库的指导性意见会为摄影师提供足够充分的信息，以便更好地实现摄影作品的社会价值和经济价值。有一些摄影师对某种摄影投入了很多心血，拍摄的效果也很好，但是从来没有获得任何收益，原因在于其对图片库的指导性信息不熟悉。

图片库需要和签约摄影师进行规范性合作

有许多图片网站在和签约摄影师合作的时候，会让摄影师了解图片网站的要求。例如 Stockxpert 图片网提示摄影师所要注意的问题：

以下是您与业主和 HAAP 媒体有限公司 Stockxpert. com（网站）的经营者之间的法律协议。通过使用网站，您同意接受本协议的条款约束。如果您不同意使用条款，请不要使用本网站。

本协议可能修订或更新，恕不另行通知。建议您定期检查一次。本文档的开头，可以找到有关更新的详细信息。

使用此网站：您保证您是在法定年龄使用本网站，并创建具有约束力的法律义务为您网站的使用而引起的任何法律责任负责。您同意您为所有您的站点负责，包括您的账户被他人使用。

所有图像及其说明和演示文稿在本网站的"图像",都是Stockxpert和其图像提供者的财产,均受国际版权法的保护。禁止在没有得到许可的情况下使用这些图像。

终止:双方可以出于任何与书面通知及身份证明文件的原因,终止您的会员账户。终止后,本网站删除您的所有图像。如果您的会员因侵犯版权或其他种类的严重或甚至恶意行为,账户被终止,你的收入和下载积分将被没收。

隐私策略:Stockxpert收集、统计、计费和沟通的目的是为了用户的信息。本网站的保密的方式将保存您的数据,它不会向任何第三方销售,公众也看不到。网站的每个成员有一个用户配置文件和库页,依据您的完整名称和位置(城市、州、国家)可能会看到。如果您不希望与公众共享此信息,可在任何时间进行隐藏。

赔偿:您同意赔偿、保护并持有无害目的的Stockxpert和其职员、雇员、股东、董事和供应商应对所有索赔和损害的成本和费用,包括合理的律师费和其他费用。支付违反本协议,或者您未能遵守有关图像的任何使用限制,或第三方图像的使用的任何索赔。

保修和赔偿责任:"按原样"提供网站和图像。我们不担保、明示或暗示任何图片、网站、信息的准确性,或任何权利。根据本协议,Stockxpert不表示或保证本网站或图像将满足您的要求。Stockxpert不声明也不保证网站的使用不会中断,也不保证图像没有错误。

"按原样"提供网站和图像:我们不担保、明示或暗示任何图片、网站、信息的准确性。根据本协议,Stockxpert不保证本网站或图像将满足您的要求;不声明或保证网站的使用不会中断,也不保证图像没有错误;对您或任何其他人或实体的任何一般的、特殊的、惩罚性的、间接的后果或附带的损害赔偿，也不对其利润损失或其他损害展开赔偿。[①]

签约摄影师需要注意模特授权的签名

对于图像内部的人物，一般图片库要求，尽量对所拍的人物索要模特授权签名。一些图片库为了保护个人隐私，以及个人财产，对个人财产拍摄的时候需要主人签名授权。例如 Stockxpert 网站这样声明：

模特和属性要求

Stockxpert 要求你上传一个有效的模特授权签名，图像中所有的模特都需要授权签名，这包括人群镜头有很多的人。允许的唯一例外情况是：镜头是人群有二十人以上，且所有的面孔模糊（但是，如果在人群中的任何人都是可识别的，需要签名）；图像的身体部位，如手、眼睛、嘴巴、躯干、腿等没有可识别的标记，则不需要模特授权签名，除非有可识别的标记来标识模型，例如文身、穿孔等。

属性签名要求

Stockxpert 要求你上传一个属于私有财产的物品拍摄的授权书，如房屋和建筑物（内部和外部）。

你可能不需要一个内部或外部公共财产的镜头属性授权，教堂和政府建筑，这取决于特定的财产属性。例如，任何著名快餐店的图像，如洛杉矶机场、新奥尔良体育馆，或帝国大厦（而不是一个单独的天际线的一部分）等，通常没有签名授权不可用于商业目的进行传播。

对于私人财产，如果没有得到其授权许可，将不可作为商业盈利的图像。如果你受到授权的权限限制，请删除所有

---

① Stockxpert 网站注册声明，http：//stockxpert. com/support/help/2_ 1。

可识别位置信息，例如号房屋或地址。假如，私人财产所有权的变化，我们不需要任何额外的财产授权，说明私有产权被授予该图像所需的时间。[①]

2.2.2 对签约摄影师的作品的建议

业界著名的摄影师有丰富的从业经验，尤其是一些著名的摄影师，他们会总结出一些有用的建议。例如，著名摄影记者 Yuri Arcurs 在商业上取得了巨大成功，作为图库摄影界无可争议的顶尖好手，这位丹麦人每天至少能卖出 2000 张照片，全年销量超过两百万张，他的客户包括微软、索尼、时代和 Der Spiegel 等，成为国际上难得的日进斗金的摄影师。但是他拿起相机不过五年的时间，两年前才成为专职摄影师。他将自己成功的经验写成一些建议，其内容如下。

（1）表情夸张。画面上浅显易懂的夸张表情能让照片适用于多种不同场合。生活方式在变，但人类的情感并没有因此发生太多变化。那些能真实甚至夸张地表现出人们情绪的照片往往能引发观看者共鸣，从而达到深入人心的效果，也更容易受到厂商或广告商的青睐，只要翻开当天的报纸，就能看到身边世界不断发生的事情。

（2）内涵丰富。意义开放、内涵丰富的照片在图片库的出售时间最长。和那种简单直白、迎合当下新闻事件的照片相比，这类照片长期来看销售状况要理想得多。和带有巨大 LOGO 的服装相比，没有商标的经典款比较不容易透露照片拍摄时间。

（3）造型经典。照片中人物的衣着打扮会给照片打上时代的标签。时尚风潮变化万千，图片编辑能从照片中读到这一切。最好让模特穿上那些不会透露出他们所在年代的经典款服装，以纯

---

① Stockxpert 网站注册声明，http://stockxpert.com/support/help/2_1。

色或黑白为主，绝对不要有任何的商标或宣传口号。

（4）缩略图测试。判断照片中包含的信息是否清晰明了，一个非常简单的方法就是缩小照片尺寸。你必须站在图片编辑们的角度考虑。他们工作繁重，没有时间也没有耐心像你那样把照片一张一张地打开仔细浏览。他们扫一眼缩略图，如果不能迅速分辨出自己感兴趣的画面，那么这些照片的归宿就是垃圾桶或者回收站。如果按缩略图浏览时，照片主题不够鲜明，就必须重新拍摄。

（5）紧跟技术潮流。过时的科技产品在照片中和过时的衣着及新闻事件一样打眼。科技产品更新换代极快，这使包含科技产品的照片很容易被打上过时的标签，但这并不是说一定不能在照片中包含科技产品。笔记本电脑和手机通常是表达沟通概念的最佳设备，但如果你打算将它们包含在画面中，要么别让它们位于过于显眼的位置或位于兴趣中心，要么看看能不能从朋友手上借一款最新型号的产品。

（6）填满画面。拍摄图片库照片，不一定需要全画幅的数码相机，但一定要有一目了然的画面主题。只有主题在画面中显得足够大、足够抢眼，才能最好地表达情绪或概念。公司年报或其他宣传资料里的照片都是我们学习的榜样。拍摄人像时，背景人物和主题人物同样重要。

（7）单一主题。如果你想在图片库谋一条出路，那么最好选择一个专门的主题并且争取比其他所有人做得都好。"你总会找到一些特别的领域是我们这种专业摄影师所不了解的。假如你有一个心理学家搭档，那么不妨向他咨询一下他在工作中遇到的场景。人们在心理治疗时常常会形容周围的整个世界都在崩溃，而图库里并没有太多类似的照片，所以这就是一个很好的切入点。让图片卖出去的关键是找到那些从来没有人拍过的主题，这样就没人和你竞争了。"

（8）注意习惯差异。记住，你拍摄的照片面对的潜在市场很广，那里人们的生活习惯、行为举止也许和你家门口的人们区别很大。正是这些小细节决定了一张照片到底卖钱还是砸钱。

（9）人的力量。图库销售的所有照片里，一半都包含人物。人们更愿意与同类打交道，所以照片中的人物要比其他所有元素能更加直接、有效地传递信息。尝试拍摄一些全世界都能理解的画面。例如，对着手机发脾气的人、争执的情侣和家人是图片库长盛不衰的主题。

（10）留出空间。无论是拍摄人像、静物还是自然风光，都别忘记拍摄几张画面左右留有足够空余的照片。这种构图方式看似失衡，对于图片编辑或平面设计而言，却可以给他们的 LOGO 或文字留下一片绝好的天地。这种有足够留白的照片不光能吸引用户，还能吸引贺卡制作公司，他们也是图库最大而且最固定的买家群体之一。想想他们需要针对哪些场合设计贺卡，然后决定自己在构图时如何留下相应的空间。

（11）画面明快。明快的照片更能吸引注意力，传递积极、愉悦的氛围。因此在拍摄时尽量选择白色背景或光线条件良好的场景，也可以使用过曝实现"高调"的画面效果。灰暗的画面效果绝对比不上明快的。

（12）找模特的窍门。事实上你的模特并没有必要和电影明星一样漂亮，应该像每天都能遇见的邻家女孩那样顺眼。芳华绝代的佳人虽然美丽，但同样也会盖过照片希望传达的信息。如果照片中的人物场景美得不真实，那么看到照片的人同样也不会相信照片反映的产品或服务。

（13）检查模特的年龄。拍摄青少年时，要注意不同国家对于"成年"的定义区别非常大。在开始拍摄前，一定需要了解不同国家的法律对成年的不同规定，并要求被摄对象出具有法律效力的成年证明。对于尚未成年的模特，只有他们的法定监护人才有权替他们签署肖像权使用协议。

（14）准备协议表格。将模特照片用于商业用途前，首先要准备好有模特亲笔签名的肖像权使用协议表格，这份表格是你的护身符，否则一旦模特起了二心，你就麻烦了。基本上所有图片社在购买图片之前也都会要求卖家出具该协议表格。肖像权使用协议形式多样，表格文字以清晰简明为佳，让人一看便知照片的最终用途。在开拍模特以前最好请法律专家帮你检查一遍整个协议表格。

（15）联系律师。必须占据法律的制高点。一张误用的照片、一次模特的起诉，就可能使你的一切努力付诸东流。"最好的办法就是在一切发生之前找一位律师商量好处理这些事情的价格，以免律师事到临头坐地起价。"反之，当你急需他们服务的时候，你根本没可能从他们手上讨到一分钱的让步。从长期角度来看，事先谈好价格不光能帮你省下更多开销，也能帮助你将不可避免的法律纠纷提前纳入预算。

（16）换个角度。在构图时，尝试从图片编辑所需的角度设身处地思考问题，尽可能多地提供不同视角和焦距的照片。艺术总监总会迸发一些奇思妙想，而你需要做的就是用图片支撑他们的创意，当然前提是你已经把中规中矩的照片拍好。

（17）运动照片。运动类照片也卖得很火。如果你想拍摄足球队，为啥不联系当地的足球爱好者协会拍摄他们的下一场比赛？别去拍摄那些顶级赛事，因为赛场周围已经被各种大牌和球队的标识包围，这样的照片客户绝不会使用。规模较小、名气较差的球队队名或队徽尽管对画面影响不大，但最好避免。总之，尽量从客户的角度考虑问题。

（18）过犹不及。过犹不及这种话我们在寻常摄影教材里经常看到，这一点对于图库摄影同样至关重要。照片必须在技术方面做得完美无瑕，但不要因此走上卖弄的极端。过度地使用Photoshop确实能让照片看起来光鲜、专业，但这也限制了作品的销路，因为只有大牌时装或生活杂志才会选择这类照片，而且只要有一本杂志用了这张照片，其他家的图片编辑绝不会再碰它。

（19）保证真实。摆拍的照片总会被人察觉。最终的结果会看上去更加自然，也不会像知名乐队的照片那样卖起来很麻烦，因为可能会涉及版权和分成等问题，不过这类照片最好还是放在那些不需要提供肖像权使用许可的图库网站销售。

（20）自然环境拍摄。图库照片并不需要你在其中表现自己的个人艺术水准，但在拍摄自然生态相关的照片时又往往需要一些创意将自然世界当作你的画布，尽情用自己的想象力描绘吧。

（21）正确使用关键字。完成了照片的前期拍摄与后期处理，并将它们提交到图片社，这并不代表全部工作的结束。你还得让人们能找到你的照片，提高照片在顾客面前的曝光率。想做到这一点，就必须依赖关键字让自己的照片在客户查找相关内容时蹦出来，所以准确生动的关键字相当重要。

有的摄影师会给照片中的每一点元素都加上相应的关键词，但这样做有时会起负面作用，影响图片社顾客和图片编辑的搜索结果。一般情况下，尽可能将关键词控制在二十个以内。除非在极度相关的情况下，尽量不要用"浪漫"等常见关键词来形容自己的作品，因为这样的形容词过于宽泛，而且容易造成图文不符，这样的话你等着图库网站的相应惩处措施吧。

选择关键词时不要猜测照片中可能发生的内容，如，关于夫妻争吵的照片，就别选择"离婚"作为关键词。但关键词可以是概念性的，如，用"冬天"作为雪景照片的关键词。和主题选择一样，关键词最好也要和其他人的选择拉开区别，如，以一张德克萨斯牛仔骑在马背上朝着相机挥手的照片为例，除了描述性的关键词以外，不妨再加上"快乐的牛仔"等稍稍与众不同的关键词，这样会使主题更明确，也容易与众不同。

最后，还是以前面的牛仔照片为例，在编辑地名关键词时如果你能确定他来自德克萨斯州拉雷多市，那么可以在关键字中加上"德克萨斯"和"拉雷多"。但不要在里面加上所有你知道的德克萨斯城市。因为你总有可能遇到能指出你照片中景物错误甚至认识这位牛仔的人，一旦"东窗事发"，那么图片社或者用户理所应当地不会再用你的作品。看看其他图库摄影师是怎么给自己的照片添加关键词的吧，这可以为你提供有效且实用的实例参考。

（22）锐化与降噪。成像清晰，没有噪点是作品的基本要求，而这往往能成为两幅作品好坏的决定性区别。当图片编辑看到两张效果类似的照片时，如果一幅照片偏软或者噪点较多，你猜他会选择哪张照片？

对于图片库摄影师来说，最物美价廉且实用有效的装备莫过于独脚架了。图片库对图片质量的要求可谓苛刻，一丁点的模糊都会是致命的，所以手持拍摄具有很大的挑战性，但在很多场合，三脚架是不允许使用的，这时轻便的独脚架就派上了用场。它可以防止机震，让你拍出尽可能清晰的照片，而且方便携带，便于外出拍摄。

Arcurs 的诀窍总结起来只有一句话："用没有瑕疵的影像，清晰地传递信息。很多人拍照都是为了表现自己的风格，而我只想用完美的照片打动客户。我追求的是销量。我没有因为所谓的'艺术风格'影响我实现这个目标。"

Arcurs 承认："我很注重画面背景，我会分层安排我的作品，确保各个层次的画面相处融洽。我想这一点大多数图库摄影师做不到。你必须掌控作品中各个层次的画面构图，即使虚化背景也不例外，这样才不会干扰作品的概念传达。这一点对图库摄影作品很重要。"

Arcurs 坦言，"人们愿意为高色调风格买单。问题在于很多图库摄影师都不愿意停下来思考，到底谁在购买他们的作品。有人批评我的作品很俗气，无一例外都是白色背景下的高色调照片。我并不在乎别人怎么说。但如果你认真坐下来分析你的用户，你就会明白这是他们想要的。这就是为什么我的作品能卖钱。我们在为客户提供快餐，如果你希望在这行取得成功，你就得接受这个事实，微利图片库图库行业是快餐厅，而不是大餐馆"。在丹麦乡下高大的摄影工作室里，Arcurs 准备了各式各样的布景和道具，几乎能满足任何概念和情境的拍摄需要。巨大的生活主题区为常用主题提供最佳拍摄场景，手机、笔记本、无线网络、移动装备等一切主题都能在这儿找到合适的背景。健康行业和服务相关行业主题也是这儿经常拍摄的内容。科技题材更新很快，而且这类照片通常在市场上只有一两年的寿命。Arcurs 忠告大家，如果没有足够的金钱和资源满足更新换代所需，最好不要涉足这个狭窄的拍摄题材。另外他还忠告大家，如果画面中有电脑出现，最好选择 PC 机而不是苹果机。"别走老路。以人们从未见过的方式满足他们的需求，这其中的妙处值得玩味。这也许就是这行工作最难的地方：让你的作品与众不同。这需要一点点创意。"

（23）兵来将挡，水来土掩。Arcurs 以一张拿着名片的人为例说，"类似的照片在市场上也许有两百多万张，毫无新意，但如果这个人手上拿着一张心形的名片，那么你的竞争照片也许只剩下两百多张。注意研究其他人拍摄的照片，并且发现其中的细微差异"。此外巩固自己已有的知识，根据自己的专长和特点不断进军细分市场，这样就有很大机会从竞争中脱颖而出。

最后，你必须确保自己的作品完美无瑕，并且注意图片社评判照片的标准。"拿移除色散为例。小出版公司的艺术总监也许不会留意画面中的色散边缘，但是大图片社的总监会。每次提交图片的时候，都要准备好接受更高层次的评判。这需要耐心、勤奋、细致，也需要好的器材。"[①]

图片库对签约摄影师的激励

图片库网站也使用了激励措施，刺激签约摄影师多拍摄照片。例如，作为最早的微利图片库，Fotolia 是第一家世界范围的免税图片社区。该图片库为了激励签约摄影师做出规定，签约摄影师销售的照片越多，其所获得的报酬比率就越高，报酬比例从 33% 到

---

① RD 编译《一天能卖 2000 张照片的秘诀》，《影像视觉》2011 年第 4 期。

50% 甚至 60% 不等。

　　Dreamstime 图片库将摄影师设置为不同的级别，并且根据级别对图片的销售制定了不同的销售价格比例。其图片摄影师的收益比例（根据 Dreamstime 网站修订）见表 2 - 1。

表 2 - 1　Dreamstime 网站摄影师收益比例①

单位：%

摄影师的级别	注册的用户下载的收入（最大值）		
	非独家 （每个图像）	独家图像 （每个图像）	（每个图像）的 专属摄影师
级别 0（超过 6 个月 0 下载）	25	27.5	60
级别 1（6 个月 0 下载）	25	27.5	60
级别 2（1 ~ 4 下载）	30	33	60
级别 3（5 ~ 9 下载）	35	38.5	60
级别 4（10 ~ 24 下载）	40	44	60
第 5 级（ > 25 下载）	45	49.5	60

2.3　图片库和拍客的关系

2.3.1　拍客的价值和意义

图片库要成为"公民信息"库

　　由于网络社会的兴起，拍客生产出大量的图片，这些图片正在对传统编辑图片造成冲击，也在逐渐改变传统编辑搜集资料、思考、创意、分派任务和收集图片的模式。世界各地的拍客有的将自己形色各异、风格意趣均不相同的稿件投向图片库，有的则对图片库嗤之以鼻。图片库正是以编辑平台的方式，以网络的搜

---

　　①　Dreamstime 网站摄影师收益比例表，http：// www. dreamstime. com/sell。

集和销售渠道控制并且管理了大量的图片。这也在一定程度上形成了媒体用图的方式。Getty Image "正在改变编辑和记者使用照片的方式，同时也在改变这大众媒体的表征方式"。① Getty Image 宣称，"每天，世界各地的人们都能看到我们的图片，这些图片分布在各类报纸和杂志的头版上，在跨国公司的广告活动中，在畅销书地版面中，在动画片和其他任何地方，这些图片都在诉说着某个故事"。

拍客的优势

拍客常常会 "在恰当的地点、恰当的事件获得具有新闻价值的图片，并且——就像寻求亲笔签名的人在易购网上卖签名的纪念物一样——通过这种活动获取经济收益"②，就像公民新闻的制作一样，这些拍客常常自发组织起来，有效弥补了因为专业记者不足而造成的缺陷。拍客所具备的公民新闻的性质决定了其作品符合长尾理论，长尾理论强调大众制作的 "长尾" 是两种因素的综合体 "炫耀和曝光的精神需求" 和 "获取一定收益" 的经济补偿。他们所需求的经济回报并不一定会很高，但希望获得一定的价值体验，获得社会的认可。对拍客的图片的搜集有效地满足了拍客的曝光文化和商业文化两种要求。

大量搜集拍客的图片，争取获得内容资源的最大化

拍客制作了大量、多样的内容，他们所生产的内容分布在茫茫的网络之中，需要专人对这些网络内容进行搜集和整理。例如，"一些帕帕拉齐代理商不断监控免费向 Twitter 和 Youtube 里发送的内容，一旦他们发现一张非常有趣的图片，他们便联系作者并且承诺将图片销售到主流媒体中，同时以委托费做回报（通常是该

---

① Anders Hansen, David Machin, "Visually branding the environment: climate change as a marketing opportunity," *Discourse Studies*, No. 10, 2008, p. 777.

② Kim McNamara, "The paparazzi industry and new media: The evolving production and consumption of celebrity news and gossip websites," *April International Journal of Cultural Studies*, No. 8, 2011.

领域的50%）"。[①] 但是面对海量的图片内容，单纯依赖人力搜集和整理并不能解决问题，而是需要用人力和软件相结合的方式来实现该目的。图片库需要使用关键词、图像搜索等方式查找最具吸引力、最有新闻价值的图片，借以提升图片库的库存量。

2.3.2　对拍客活动的管理

图片库要使用许多拍客的作品，但也要对其本人和作品提出要求。

对拍客的要求

拍客并不像专业摄影师和签约摄影师那么专业，技术和手法并不一定很成熟，但他们有更多的视角和创意，这些视角是平民的视角，是受众的趣味。这些照片的构图不好、焦距不准、编辑不到位都没关系，主要在于内容是否有创意，是否能够提供新视角和新内容。目前大多数报纸都有拍客栏目，比如《南方都市报》的"照相莞""图库"等，《都市快报》的"有图有真相"，《齐鲁晚报》的"拍客"等都是发展比较早的。这些内容拉近了报纸和读者的关系，也为报纸提供了大量的内容资源。作为报业集团的图片库，可以利用报纸的展示平台和发表机会，搜集各种题材、各个地域、各个时间段的不同图片，进而构建报纸的内容。

结合线下活动，提升拍客活跃度

拍客的行为是兴趣行为，如果将这种兴趣和图片库的发展结合起来，图片库也成为聚合兴趣的行为。但是拍客的线上行为需要线下行为的配合，图片库可以利用拍客的兴趣，组织线下活动，提升拍客的活跃度。通过鼓励活跃用户的参与，带动其他人员参与；通过点击量和关注度的高低，对拍客进行一定程度的奖励。例如，土

---

① Kim McNamara, "The paparazzi industry and new media: The evolving production and consumption of celebrity news and gossip websites," *April International Journal of Cultural Studies*, No. 8, 2011.

豆网站将点击量较高的视频置顶，并给予拍客稿费作为奖励。

《东方早报》利用了新媒体和拍客的资源整合，建设起了"东方拍客网"。该网于 2012 年 7 月 11 日正式上线。经过两周的正式运营，成功吸引了 200 多位上海本地的专业摄影发烧友前来注册，上传照片 2000 多张，发帖 500 多次，并组织了"欢乐一夏"首届东方拍客摄影大赛，评出特等奖 1 名，奖金 10000 元；一等奖 1 名，奖金 3000 元；二等奖 2 名，1500 元；三等奖 3 名，奖金 1000 元；入选奖 13 名，奖品为欢乐谷门票 3 张。通过线下的评奖互动和线上的图片搜集活动，为活动提升了人气，为图片库提供了大量的素材。虽然该活动取得了一定的成功，但距离新媒体的商业模式和经营模式的要求还有一段距离。作为平台的图片库必须建立起相对公平、合理的机制，带动受众参与拍摄和上传活动，形成固定的利益分成模式，以便最大限度地吸引人，刺激大众参与。

对拍客的作品进行后期加工

拍客所上传的内容具有随意性、兴趣性和个性化，这些作品进入图片库后需要给予适当的后期包装和剪辑。首先，挖掘图片的兴趣点，围绕着兴趣点进行剪辑和加工；其次，对其设置新颖独特的标题，增强其特色；再次，将作品的个体性提升为一种个性，使之成为广为关注的内容；最后，摄影也是一种议程设置，但是这种设置与大众的议程有一定的区别，所以或者将拍客的议程和当前热点结合起来，将作品快速推向媒体，或者将拍客的议程引导为具有普遍性的内容，使作品具有恒常性。

2.4　图片库的自动管理系统

2.4.1　目前图片管理系统的不足

现有的采编系统和图片使用系统不协调

图片供给方与图片消费方产生供需脱节。例如，报社和摄影师之间的合作，往往体现为点对点之间的合作，有任务就派摄影记者去拍摄。这些图片进入采编系统，成为当前所需的图片，但此时图片和图片库系统未形成有效的连接，或者采编系统和图片库虽然有连接，但是两个系统之间很难协调。现有的图片库系统必须通过内网或者是图片网站才能接通，而报社的编辑系统大多是另一种软件，需要同时运行两个系统，并且在两个系统之间不断转换。此外，这两个系统没有很好的对接机制，所以图片供给和图片采集系统导致采编能力和速度下降，造成图片编辑的能力下降。

软件和硬件技术落后

当代图片库的建设都是以海量储存、大范围内的精确查找、图片的数字化管理为基本。报业集团使用的都是采编系统的图片库存资源，集团自己的图片内容往往储存在另外一个图片库里，由于数量少，该部分图片人工制作和人工操作所占的比重较高，实际上还不能满足图片资源迅速有效地提取、存储和管理的要求，软件模块比较陈旧，都是沿用其他公司或者商业图片库已经成型的软件和技术模块，这些陈旧的软件和模块，很难赶上采编系统的升级。旧有的图片库系统往往因为年代久远，系统升级不足，导致运营效率下降，新建设的图片库虽然很多系统比较新，也很快上线，但是各种软件和自动运行模块跟进不足。

图片采编系统对摄影的反向作用

采编系统和图片库系统的有效对接，会提升摄影师的拍摄积极性。图片被采用，并实现其价值，能大幅提升摄影师的拍摄的积极性，提高摄影师对事件、政策或热点问题的敏感性。建立图片库，为深入报道提供了更加便利的条件，这样一来不但减轻了摄影师的工作任务，而且可以让摄影师将更多的精力投入更深度的拍摄和制作之中，从而激发其工作的兴趣。

2.4.2 图片库自动化管理系统

数字图片库将知识生产从劳动密集型转向技术密集型，需要大量的硬件和软件来提升管理效率，实现图片库管理的目标。

图片库需要根据图片传播的海量性、高速度、易操作性等特点对技术提出要求，建立各种自动化管理模块。图片库的各种模块必须满足图像在组织内外的传播需要。在组织内部要满足图片的上传、检索、管理和开发的要求，并且做到高效、便捷和安全。在组织外部要满足图片的下载、监控的便捷性要求。

2.4.3 使用自动化模块实现图片管理

管理方式的数字化

数字化图片库要形成海量内容，必须将工作和任务都充分数字化、自动化。"从图片的上传、搜索、挑选、检验、签合同、付款到下载使用，全部是通过自助式的电子网络交易平台完成，不需要人工操作，不需要配送系统。"[①]

图片库的价值在于以用户为中心的内容营销管理。能够被检索到则能为该照片创造价值，如果检索不到，即使再好的照片也很难获得关注，发挥效力。内容的海量性和图片的精确营销成为图片库的主要生存方式。所以必须形成以用户海量数据为基础的内容展现、推荐、销售和管理模式。

图片库的管理模块主要有"图片采编流程管理模块，远程提交模块，通讯社图片自动分发入库模块，自动归档模块，资料管理、检索与回调模块，系统定义与权限管理模块，图片制作任务管理模块，网上图片销售模块"。[②] 但是实际上可以有更详细的分类和分工。

---

① 东晓：《绿叶还需红花衬——记数字微付费图片》，《影像视觉》2007 年第 2 期。
② 王利卿、鲜虹、于向前：《深圳报业集团图片管理系统建设》，《中国报业》2005 年 7 月。

自动上传模块，对摄影师、签约摄影师和拍客所上传的图片进行自动搜集，根据其关键词归类，并通过图片库已有的图片存储方式提供相关内容。

自动分类模块，根据对关键词、图片轮廓、图片色彩等方面的搜索，对图片入库进行自动化归类，初步体现图片分类明确、层级分明的特征。

自动编辑模块，根据图片的分类对图片进行编辑，按照指令检查图片的文字说明，并对图片内容作程序化编辑。

自动刻录模块，对上传的内容进行自动备份，以防丢失。

自动搜索系统，实现站内自动搜索，智能化匹配，并且为搜索提供智能选取，在长期的检索过程中，不断调整检索的精确性和相关性。

图片检索模块，能够实现通过线条、轮廓、色彩、情感色彩等形式来搜索与所搜索对象相匹配的图片，从而实现图片的自身搜索功能。

自动回复系统，根据图片的性质，对摄影师、图片编辑进行自动回复提示。

自动显示系统，由于网络速度的限制，显示图片的同时，图片根据受众点击和需要，实现内容展示的最大化，以便用户快捷、清晰和完整地看到图片。

图片放大缩小模块，由于图片库存较大，要迅速在一个页面上显示图片，需要带宽较大的宽带，这对有限的带宽来说压力巨大，通过大小图的自动转化，可以形成重点显示，满足排列有序的要求，实现方便查找、重点突出、体验灵活的特点。

自动浏览模块，可自动浏览所有的图片，可以让读者在按需检索的基础上查询其所要检索的内容，并且根据检索的要求，以智能的方式，提供相关图片或者替代性图片。

自动组图模块，将相近的图片自动组成一组，以便受众选择。需要构建两种组图方式，一种提供给普通用户，这种图片能将相关主题的内容集中在一起，以便提高受众的关注度，另一种提供给媒体，这些图片能够根据受众的搜索进行预判，并直接为受众提供一系列相关照片。

通讯社图片自动分发入库模块，将通讯社和合作图片社的内容导入本集团的图片库，并且根据内容与本集团图片库相融合，但是在具体细节上又与本集团图片有明显的区别，同时组建对通讯社图片的剥离功能，能够及时有效地将这些图片剥离出去。

自动下载模块，对自动下载的内容进行监管，记录。

自动推送模块，直接将近期比较关注的话题推送到特定的位置，或者根据媒体的定位将相关内容推送给特定的媒体。

自动评判系统，通过对图片社内容的营销，对受众点击率高的图片进行自动统计，并且实现数字化报表。根据受众的点击量、下载量、读者指令等综合因素对图片展示的先后顺序进行排序，以便提供给受众最恰当的图片。

系统定义与权限管理模块，对进入图片库的管理人员进行角色分类，设置相关权限，对其权限进行分类管理，设置不同的义务、权力和责任，构建内部系统的沟通和阻断功能。

自动研究模块，通过对下游媒体的选图进行统计，对图片库热卖的图片进行统计，将这些统计的数据形成自动化报表，呈献给图片库编辑和管理人员。定期举行这种统计工作，定期提交，并且形成图片使用近期和长期发展图表。根据这些统计预判哪一类图片更应该成为关注的要点，预测图片库应该向哪一方向发展。最后由图片库管理人员根据这些报表进行选择、预判与决策，并且制定图片库发展的战略规划。

邮件自动营销模块，通过邮件不断提醒摄影师要拍摄哪方面的内容，对该类型的邮件进行推广，定期向摄影师推广拍摄的内容、最新变动、特色和技法，以便增强摄影师和图片库的良性互动，扩大图片的内容和数量，提高图片特色，提升图片库内容的灵活性。

充分吸纳普通用户，提高图片库的流量

图片库用户的数量是图片库的关键因素。所以图片库要努力提高吸纳普通用户的能力。主要通过线下组织，吸引签约摄影师、职业摄影师、广告设计人员、美编等人加入图片库；通过微博、微信等社交网络将其他网站的用户导入图片库；也可以通过活跃用户带领新用户进入，以吸纳足够多的用户。在引入新用户之后，定期向这些新用户推广，以激发其活力。

2.4.4　建立自动检索系统

目前的图片库检索主要有两类：关键词检索和视觉识别技术。

关键词检索

对于入库的图片，根据图片的不同属性提供关键词，如，时间、地点、人物、色彩、情感等各个方面，力图最精准地描述该图片的各种属性。关键词检索是使用穷尽法，通过关键词穷尽该图片的所有属性，以达到对某一个图片的最精确的查找。用户通过输入图片的关键词，可以精确地匹配到所需要的图片。相关的图片则可以按照相关性的强弱，从强到弱排列，以供用户挑选。

视觉识别技术

视觉识别技术也可以对图片进行检索。视觉识别技术是根据图片来检索图片的方式，或者根据出处来找相似的图片，尤其是检索与指定照片相似的照片。"人工智能视觉识别技术的核心就是对计算机捕获的图像进行分析，总结出图像的色彩、明暗、图式等视觉特征，然后与储存在电脑芯片中的图像视觉特征进行比对，达到一定匹配度的图像就被判定为芯片中存储的图像特征所对应的某种物体或符号。"[①] 首先设定所检索的图像的视觉特征；其次

---

① 华威：《数码时代的图片检索》，《中国摄影家》2011 年 9 月。

对检索范围内的图像进行分析，总结其色彩、明暗、轮廓、对比度等视觉特征；最后与相匹配的图像视觉特征进行比对，达到匹配度的图像就被认定为所检索的图片。这种检索既能找到与指定照片中同一个人的其他照片，也能找到一些有相似特征的照片。即视觉识别技术就是通过以图找图的方法，搜索出该图的出处、历史变化、引用频率、知识产权状况、作者、传播范围等，全面了解该图片的状况，以便图片编辑人员做出判断。目前的图片检索工具有以下几类。

Tineye 图片检索，输入本地硬盘上的图片或者输入图片网址，即可自动搜索相似图片，Tineye 搜索的准确度相对来说还是比较令人满意的。

GazoPa 搜索方式，通过图片搜索图片，通过手绘图片搜索图片。

Picitup 作为图片搜索引擎，功能非常强大，并支持中文关键词的搜索。

Tiltomo 是 Flickr 开发的一个搜索工具，主要用来维护 Flickr 的图片数据库，其搜索算法主要是基于相似的主题风格或相似的色调和材质。

Byo Image Search 是根据用户上传的图片来搜索相似的图片，算法主要是基于色彩，也包括主题风格。

Live 以索引中的任意一张图片来寻找相似的图片，但目前其搜索结果并不精确。

Incogna 的搜索速度非常快，主要是基于色彩和形状上的相似性来进行搜索。

Terragalleria 主要基于视觉上的相似性来搜索，不考虑图片的内容。

建立图片库的客户关系系统

"随着互联网的出现，我们被告知现在有许多新的方式可以加强客户关系，击败地位明显优于自己的竞争对手，并保持长期客户的优惠照顾和交易合同。"① 这种客户关系系统能够为客户管理系统。该系统能搜集客户的各种信息：电子邮件、工作性质、工作单位、工作范围、个人偏好、电子邮件、电话等。不但为系统提供了与客户接触的多渠道方式，而且搜集了客户的工作性质和偏好、客户的最近变化、各种记录的更新等，以便更好地服务于客户。

客户关系系统主要是通过对客户的管理，保证系统高效、正常的运营，提高系统对客户行为的敏感度、对市场的洞察力。客户关系管理系统的设立，一方面可以大大降低管理成本，提高收益。例如，甲骨文公司将每个客户的成本"由大约 2 美元下降到 25 美分"。② HMV"通过网络所获得的回头订单增长了 20%……GAP 公司发现客户在网上的再次购买要比他的第一次购买平均增加 57% 的消费量"。③ 另一方面可以保证每个客户对企业的忠诚度，有助于获得顾客的长期支持，保障基本客户和公司的关系。

图片库的用户管理主要涉及以下几个方面：通过建立完善的通信管理，使图片库和用户、客户、团队保持紧密联系；建设并监控图片库的图片存储、管理和营销过程，监控图片流向，售后服务管理等多方面的销售需求；了解竞争对手，令你清楚了解市场环境，成功掌握用户和客户动向；记录各个用户登录使用系统的过程，有效监控系统的操作；对客户进行精细化管理，"对适当的群体采用适当的宣传策略仍然是其中的关键问题，这种细分对于建立有效的客户关系管理系统是非常重要的"。④ 统一显示每个

① 〔美〕卡雷西尔弗：《价值链：运用新技术和互联网改进业绩》，潘勇、宋涛、黄建军译，经济管理出版社，2004，第 178 页。
② 〔美〕卡雷西尔弗：《价值链：运用新技术和互联网改进业绩》，潘勇、宋涛、黄建军译，经济管理出版社，2004，第 186 页。
③ 〔美〕卡雷西尔弗：《价值链：运用新技术和互联网改进业绩》，潘勇、宋涛、黄建军译，经济管理出版社，2004，第 187 页。
④ 〔美〕卡雷西尔弗：《价值链：运用新技术和互联网改进业绩》，潘勇、宋涛、黄建军译，经济管理出版社，2004，第 192 页。

列表的字段内容、顺序，有助于用户快速进入工作状态，有效控制用户权限，防止越权操作，网页美观、简洁，要显示图片库的定位和文化理念，根据用户的使用方式制定图片显示模式。在图片库中，图片的海量性导致了寻找的困难。通过对户使用情况的数据的挖掘可以为其提供用户所需要的内容推荐。例如，在IStockphoto 图片库中，"任何 IStockphoto 用户都能为照片评级，一段时间后，上千个这样的评级累积起来，会形成比较权威的排名，让你轻松得到网站最好的照片。'下载'评估的是每张照片在商业上的受欢迎程度，类似那些热卖品的名单"。[①]

当今更为个性化的信息显示方式为用户标签法，即用户根据自己的喜好给某一信息定位、评价、归类、排序和推荐，最终形成了用户关于该信息的所有事件的集合。例如，豆瓣网友对书籍的评价、分类都是网友自发组织起来的。图片库虽然要依赖用户的喜好和评价，但是必须对相关的评价进行整合。即图片库通过对用户的观看、下载和评论的数据展开归类、分析，并且根据这些数据进行排序，直接为特定的受众提供最精准和最有效的服务，提供受众最需要的照片。

2.4.5 图片库的安全管理

系统的安全性

和所有的网站一样，图片库也存在信息系统的安全性的问题。电子信息修改、增加、删减和调整非常方便。因此，需从制度、技术等方面采取措施对数码照片进行安全保护，维护其真实性。所以应该在技术上做到信息安全，免于图片库受到攻击，遭到修改。另外，在网络交易方面，必须构建并维护便捷、安全和有效的图片支付方式，为图片交易的顺利进行奠定基础。

---

① 〔美〕杰夫·豪：《众包——群体力量驱动商业未来》，牛文静译，中信出版社，2011，第 174 页。

图片库的安全备份

计算机硬件遇到特殊情况会出现损坏、数据误删、信息被篡改等软、硬件等问题，甚至会造成数码照片档案的毁灭性损坏。所以要保证系统的稳定可靠，使图片自动备份，保障图片安全，并且在数据系统中做好后台的应急准备。例如，上海微图图片库在 2012 年 10 月因为磁盘损坏，造成长期无法登录的问题，所以微图贴出两份通告：

> 尊敬的各位摄影师及图片用户，微图服务器因意外事故磁盘损坏，目前正由专业工程师进行数据恢复，因数据量非常庞大，可能需要一些时间才能恢复正常，特此公告。对给您造成的不便非常抱歉。您如有其他任何疑问，可以随时致电微图询问。

> 数据恢复中心通知，微图磁盘数据初步检测报告已经出来，全部的数据基本上没有损失，可以恢复。请大家宽心。公司全部工作人员周末都在全力以赴，由于损坏的服务器备件，厂商发货运抵上海还需要几天时间，我们正在全力抢修。①

对非法下载的数字化监控

图片库一方面以客户的需要为核心，另一方面也必须保证客户的权益。例如，有的客户买断某一图片的独家使用权，但是市场上出现了该照片的盗图，图片库可以积极为客户提供维权保障。图片库常常使用强大的图片搜索工具，可以搜索到未被授权使用的图片，并对这些侵权使用的图片进行罪证复制、纠察和拷贝工作，进而实现图片知识产权保护，使该服务自动化。2010 年"影像权利网"（www.imagerights.com）正式运营，致力于维护图片作

---

① 微图图库公告，http://www.microfotos.com/。

者的知识产权。

"当下，网络影像作品的剽窃行为异常猖獗，让我们感到更加有责任做好防护工作。我们被艺术家授权加强控制作品使用的情况，一旦发现有越权使用的行为就会立刻发送详细信息给原作者。"影像权利网称，其运营的唯一目标就是保护摄影师的在线图片知识产权免遭侵犯，采用先进技术，对商业网站、博客、新闻和多媒体网页等保持连续的屏幕扫描，对作品实施 24 小时监控。每个月通过技术手段都会发现成千上万张"新"图片。技术部门会采用先进的图片识别技术对摄影师的原作和这些新图片进行比对，通过监测找出原始图像被用在哪里。随后，一份详述以上情况的报告会送交到摄影师手中，其中包含摄影师的原始图片、图片在各处被采用的情况、精确网址以及该网址所有人信息等。摄影师所要做的就是上传希望被跟踪的图片，一旦有人未经许可使用这些图片，网站就会及时向摄影师发出报告。该功能需要暂时付费，根据摄影师希望保护的图片数量，每月向网站支付 9.95～39.95 美元不等的服务费用。

影像权利网承诺，他们的技术强大，扫描服务可以在 1 个月内过滤、扫描 80 多万个网页，以搜索用户上传的图像是否被盗用。"它可以找到您的照片，即使它们已裁剪、旋转、色彩调整，或嵌入另一个图像。我们不使用元数据来找到你的形象的使用，因为元数据可以从图像中剥离。"

网站新开发了一项图片版权恢复服务，经摄影师授权后，网站将代理开展帮助摄影师追讨版权侵犯赔偿金的行动，帮助客户与擅自用图者结算费用，并代表摄影师进行维权服务，包括收集所需的相关侵权资料及被侵权使用的屏幕截图，与盗图者沟通，必要的时候也会帮助摄影师采取法律手段保护权益。未参与影像版权网图片监控的摄影师将收到追回赔偿金额的 50% 作为服务费用，对于已享受该网站监控服务的客户可以获得一定的优惠，仅收取 35% 的服务费。另外，该网站还有专人负责摄影师与美国版权局的登记工作。①

图片系统的改进方案

"知识库是开发高效的知识管理系统的关键，因此基于本体的知识管理目前主要解决三个问题：一是知识库的构建，即如何构建全面、稳定的知识库；二是知识库的开放共享性，即用户协作创作知识资源；三是知识库的进化更新，即如何使知识库随着系统的运行不断更新。"② 图片库的系统作为知识库的一种，不仅要关注建库的基本格局以及其信息职能、信息共享的可能性，而且要求图片库有良好的系统运行与系统更新状况。在不断变化的受众市场，应根据市场、受众和内容的变化来更新其系统。图片库的建设和规划并不是一劳永逸，而是根据用户的使用情况不断进行调整，要做到以下几个方面。

其一，根据受众的变化来调节图片库的内容系统。

其二，根据市场状况对盈利结构进行调整。

其三，根据内容的变化来调整图片库的风格、布局和特征。

其四，图片库的系统安全升级。

其五，不断对图片库展开评估，提升以下几方面的品质：创新能力，平台服务度，交互体验度，品牌影响力，资源融合度，接受市场的反馈能力，对不断变化的市场的适应能力，与国际规则接轨的程度。

---

① 朱颜：《图片维权网站：有问题交给第三方》，《中国摄影报》2012 年 4 月 6 日，第 1 版。

② 周文海：《开放知识资源的共享组织和应用研究》，硕士学位论文，东华大学，2010，第 3 页。

2.5 图片知识产权现状及保护

图片是具有较高的经济、社会、历史和人文价值的内容资产，这些图片可以构成庞大的数字内容资产。"数字媒体内容资产（简称数字媒体资产）是指媒体组织拥有和控制的、版权明晰的、以数字化形式存储的、具有经济价值的各类内容资源，包括视音频节目、素材、图片、文稿等，它们大多具有较高的历史和社会价值。"① 知识产权则是保护数字内容资产、促进内容搜集、内容开发的有效手段。例如，电影、电视已经形成了一系列完整的产业链条，数字资产管理直接保护整个产业链条的正常运行。报业集团图片库的数字资产管理可见图 2 - 3。

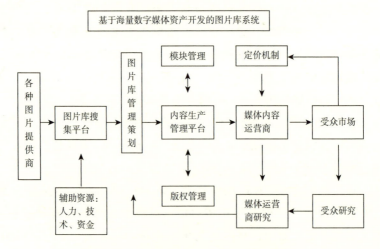

图 2 - 3 报业集团图片库的数字资产管理

---

① 宋培义、王立秀：《基于数字媒体资产开发的电视内容产业价值链构建》，《电视研究》2011 年第 5 期。

2.5.1 图片知识产权维护的可能性和现状

报业集团的摄影记者多，图片库存量大，社会影响力大，很容易聚集大量签约摄影师。另外，摄影师也希望找影响力大的图片库做代理，获得收益的机会大。图片库在寻找摄影师，摄影师也在寻找图片库。只有有效保护这些图片库的知识产权，才能充分保障他们的利益。

目前国内的版权意识、市场体制还处于初级阶段，我国广告市场上盗版比较严重。Getty Image 在中国的代理商华盖公司"4 年间打了 2000 场官司，除了和解结案的，仅胜诉判决就有 800 多件"。[①] 其法务总监张宏麟说："2007 年以前，我们的维权方式主要是谈判，没有打过一场官司。从 2007 年起，开始走诉讼和非诉讼相结合的道路，以诉讼来推动非诉讼谈判。……华盖公司成立之初年销售收入只有 2000 万元，2007 年涨到 4000 万元，2008 年8300 万元。到了 2009 年已经达到 1 亿元。"[②]

图片知识产权的基本界定

图片的知识产权不但是一种经济权利，而且是精神权利，更是一种维持图片正常持续生产的权利。目前大陆法系和普通法系国家的知识产权都认为，构思并最终完成作品的自然人是作品的作者和所有权人，作者可以在一定的合同条件下以合同的方式将作品转让。但是作者为完成法人或其他组织工作任务创作的作品除有其他规定以外，著作权归作者享有《伯尔尼公约》和《罗马公约》均规定，雇员在其职务范围内的作品，其著作权属于作者。2010 年 2 月 26 日第十一届全国人民代表大会常务委员会第十三次会议著作权法修正案第十七条规定，"受委托创作的作品，著作权的归属由委托人和受托人通过合同约定。合同未作明确约定或者

---

① 辛红：《揭秘最大图片公司"维权模式"》，《荆门晚报》2010 年 8 月 27 日。
② 辛红：《揭秘最大图片公司"维权模式"》，《荆门晚报》2010 年 8 月 27 日。

没有订立合同的，著作权属于受托人"。① 可见，一般情况下报社员工在报社期间的摄影作品的著作权属于作者所有，报社有权在各范围内优先使用。如果图片库委托签约摄影师拍摄的，著作权则属于图片库或者依据合同而定。

2.5.2 对报业集团员工职务作品的知识产权管理

在图片库的建设中，新员工经过严格的培训可以遵循图片库的管理规定，遵守图片知识产权。但是，报社的老一代摄影记者拍摄了大量摄影作品，这些作品非常宝贵，随着他们的退休，搜集工作越来越难，时间越久远，越容易丢失。需要对这些内容进行抢救性保护，将它们搜集起来，转化为数字内容。

报业集团图片库需要对员工的职务作品的版权做出规定，通过以下几个环节加强知识产权的管理。

（1）界定权利。以前的摄影师以各种方式到供职的报社将自己的底片拿出来据为己有，不断出版、展览、参加拍卖会。有些将照片看作私有财产，甚至其在职期间的作品出现纠纷时，为了维权，要求所就职的单位为其打官司出具一纸权利证明。单位出具的证明只能说明该摄影师具有著作权，而不是所有权。必须对这些组品进行著作权界定，强调在报社期间工作的图片的工作性质，确定权利的归属。若这些职务作品的权利属于报社，如果背着报社使用，那么报社拥有起诉的权利。

（2）通过激励机制鼓励集团的图片工作人员的参与。报业集团成立图片库，可以提高这些图片卖出去的机会，如，卖出所得的按照5:5的比例分成，记者和家属拥有这些图片长期售卖的权利。

（3）规定搜集任务。根据对员工在本报社的工作年限和工作性质，预估员工存底的照片有多少张，这些照片的性质如何。将寻找照片的任务交给这些员工，促使其完成任务。

---

① 《中华人民共和国著作权法》，2010 年 2 月 26 日第十一届全国人民代表大会常务委员会第十三次会议。

（4）对照片中人物的肖像权进行界定。人物肖像权侵权问题是代理业中最容易惹麻烦的问题之一，特别是在使用人物图片与新闻配合时。摄影师、图片库和使用图片的媒体客户便被紧密捆绑在一起，一旦发生侵权，不但媒体会被告上法庭，而且图片库和摄影师都会受到牵连。所以需要对人物的肖像权予以界定，凡是有图片肖像问题的照片须经被拍摄人的授权。摄影师对自然人进行拍摄，如果肖像权人不同意而强行拍照，就视作侵权。在外地拍摄中，"想在拍摄的场景中安排一个人物，可能只能在当地选择一个临时的模特，人家可能非常愿意做你的模特，但是未必愿意和你签模特肖像授权书。你唯一的方法就是很好地和他沟通，尽量说服对方……作为一个图片库摄影师，应该随身携带模特肖像授权书，否则，当需要的时候你会后悔的"。①

2.5.3　图片版权保护技术

由于图片库的数字化性质，所以需要使用数字技术来保护知识产权。图片库常用的知识产权保护技术主要有以下几种。

（1）边角切割法。通过将图片的边角切割掉，保证图片的来源。若要寻求原图，必须通过购买正版的图片的方式获得未切割版本的图片。一旦有侵犯知识产权的行为发生，即可通过切割的边角和售卖图片的对接来确定图片的来源。

（2）水印法。即通过对所有入库的图片自动打上浮动水印，购买正版的图片则可以去掉水印。

（3）防止拷屏。在图片库网页上装上防止截屏软件，可以防止图片被拷贝，从而限制盗版。

（4）特殊浏览软件法。通过特殊的浏览软件才可以看到图片，这种软件对于图片的下载、拷贝、截屏、打印等方式都可以做到即时监控。

---

① 〔美〕陈小波：《把你的照片换成钱：图片库摄影师的生存之道》，人民邮电出版社，2008。

（5）加密方法。在网络安全性不足的环境下，通过给下载的文档加密，限制用户权限，只有当用户拥有了加密钥匙，才能确保数字资源产品的所有权。数字资源秘密的权限：加密 = 算法 + 密钥。拥有密钥的用户才可以打开该产品。[①]

（6）其他密码技术。例如，数字摘要技术、身份认证技术、数字签名技术等方式来为特定用户提供独特的使用权和保护形式。

（7）通过变形方案来执行。"变形方案通过修改频率系数来实现，这通常是通过 Discrete Cosine Transform（DCT）、Discrete Fourier Transform（DFT）和 Discrete Wavelet Transformation（DWT）来实现的。"[②]

（8）大小图法。通过修改图像的像素值和降低像素计算的复杂性，形成小图。另外，通过大图来吸引用户，小图用来防止拷贝。

图片库的知识产权保护是封闭式的资产管理。传媒行业为了实现利益最大化，通过对资源的控制来维护自身的竞争优势。在这种情况下，企业和外部之间的权利界定是清晰、明确的。例如，美国的农业安全局（简称 FSA），在美国 20 世纪 30 年代经济萧条期，先后雇用了 30 名摄影师，把农村贫民窟的悲惨生活拍摄下来，同时还拍摄了一些有钱的在迈阿密度假美国人作为对比。形成美国摄影史上著名的 FSA 摄影纪实运动。这些照片并不完全归摄影师个人所有，而是被定位国有资产，它们可以公开、甚至是部分免费地向社会各界提供。企业有权保护自己的产品在没有经过允许的条件下，不被随意复制、买卖和消费。企业有权对自身的知识产权产品进行处置。

2.5.4　集体知识产权的维护

著作权集体管理是指集体管理组织经权利人授权，集中行使

---

① 曹莉欣：《网络图片社的渐进渗透式发展》，《今传媒》2006 年第 12 期。
② Nagaraj V. Dharwadkar, B. B. Amberker, Avijeet Gorai, "Non-blind Watermarking scheme for color imagesin RGB space using DWT-SVD," *IEEE*, 2011.

权利人的有关权利并以自己的名义进行的活动。音乐界备受知识产权的困扰，但音乐界已经建立起"集体管理观念"。众多的权利人授权一个组织，由这个组织统一向使用者授权、收取使用费，最大限度地降低了交易成本。这正是知识产权发展的必然需求。

著作权集体管理组织开展业务的范围完全取决于会员的授权，我国目前采取的授权方式一般有两种：代理和信托。"代理是指代理人以被代理人的名义，在授权范围内实施的法律行为。代理的产生，有的是受他人委托，有的是由有关部门指定。我国法律还规定了隐名代理，即代理人以自己的名义，在委托人的授权范围内与第三方订立合同。信托是以信托资产为中心的法律关系，委托人在信托时必须将资产转移，受托人以自己的名义处理信托资产，信托则产具有独立性。但是，摄影人如果以信托的方式加入著作权集体管理组织，就必须在协议期内把其摄影作品的著作权转移，由协会集中行使。对于摄影作品的复制权、信息网络传播权等则财产性权利而言，以信托的方式进行运作没有问题，因为这一类权利都是可转让的。但其署名权、修改权等人格性权利却不能以这样的方式进行运作，但可以由会员在入会协议中另行授权。"[1] 图片库可以通过协会，以协议的方式将所有图片库的要求集中起来，这种数字化图片系统能够做到对图片的代理和管理。

图片维权的步骤

在图片销售中，图片被盗用的可能性较大，维权成为图片权利管理的必要环节。图片的权利维护需要做到几步走：第一步，网络筛查存在哪些侵权的现象；第二步，对侵权现象做出评估；第三步，通过谈判索要赔偿，必要时通过法律的途径解决问题；第四步，通知对方，实现内容之间的互换，或者以其他方式达成谅解或合作。

---

[1]　侯建江：《照片署名权可交由他人"管理"》，《中国摄影报》2010 年 8 月 10 日，第 2 版。

2.6　图片库与其他图片库的合作

集团内部系统的融合

企业在发展的过程中若子公司较多，且每个子公司都建立自己的系统，这样就会造成资源系统的巨大浪费。例如，甲骨文公司发现"自己的全球的数据库超过了 100 个，分散了客户信息……所有这些都不是标准化的。这实际上意味着巨大的重复和浪费。这不是表明每个国家的公司在重复发明别人已经发明的东西，而是因为这些已经发明出来的东西不容易被发现"。① 这些情况严重阻碍了甲骨文公司的信息流通，并且增加了其获得信息的成本和时间。所以公司致力于将这些系统改进为一个全球系统，"这些系统最终被一个单一的、运行在美国数据中心两个服务器上的互联网电子邮件系统所取代"。② "如果他们使用全球化的 IT 系统而不是用自己的系统，那么他们就可以免费获得那些资源。使用全球化 IT 服务系统，两年内免收费用……结果，它实现了。公司的所有员工都转向了一个统一的电子邮件平台，成本降低了90%；它更可靠、更安全并且可以使用地方语言；它对各地区的经理们是免费的。"③ 目前，报业集团的各个子报、子刊都有自己的采编系统，这些采编系统内容管理不一致，分类不同，形成了"各自为政"的图片管理系统。各个报社都有自己的图片内容，这样虽然是对资源的有效控制和利用，但阻碍了图片信息的使用。

与专业图片公司之间的合作可行性

图片库在发展之初，由于自身的影响力、用户数量、内容缺

---

① 〔美〕卡雷西尔弗：《价值链：运用新技术和互联网改进业绩》，潘勇、宋涛、黄建军译，经济管理出版社，2004，第 29 页。
② 〔美〕卡雷西尔弗：《价值链：运用新技术和互联网改进业绩》，潘勇、宋涛、黄建军译，经济管理出版社，2004，第 30 页。
③ 〔美〕卡雷西尔弗：《价值链：运用新技术和互联网改进业绩》，潘勇、宋涛、黄建军译，经济管理出版社，2004，第 29 页。

陷造成其从内容到管理再到营销都存在某种缺陷。克服这些缺陷，需要和其他图片库在联合中获得共赢。图片库之间的战略联盟的动力在于："减少竞争、扩大内容的竞争范围、进入受限制的市场，获得新的商业知识、保持在市场上的领先地位、为更大的项目而进行的资源联盟、发展产业标准、过量生产能力的减少。"[①] 报业集团的属地管理，在本地市场上的垄断地位，造成其对战略联盟不够重视或者是强调自己的垄断地位，报业集团必须适应新的媒体环境，克服这种惰性。

在竞争中，图片库为了获得效益最大化和图片资源的最大化，需要破除行业壁垒，建立战略联盟关系。例如，Getty Image 与其他图片代理商进行了合作，以弥补其某方面的不足。"在业务尚未到达的地区，通常会寻找一些销售代表。销售代表通常可以在许可证所带来的收入中留下 35% ~ 40%，而 Getty Image 获得其余 60% ~ 65%。"[②] 国外的图片公司常常依赖国内公司来获得发展机会，寻找在国内的代理机构，通过这些代理机构来提高自己的业绩。报业集团图片库需要根据自己的特点，寻找能够优势互补的合作伙伴，一方面扩大营销范围，另一方面为本集团节约成本。

报业集团图片库可以和有互补优势的图片库合作，形成战略联盟。新闻图片库与其他图片库的合作见图 2 - 4。

与商业图片库的合作

报业集团图片库重在新闻内容，商业图片库具有大量的创意、设计等图片，这些正是新闻图片库所缺乏的。新闻图片库与商业图片库要形成对接，扩大内容的范围，提升技术能力，从而提高其立体竞争力。

---

① 〔美〕阿兰·B. 阿尔瓦兰：《传媒经济与管理学导论》，崔保国、杭敏、徐佳、等编，清华大学出版社，2010，第 160 页。

② 贺璐：《图片库市场研究：Getty Image 何以成功》，《新财富》2007 年 3 月 21 日。

图 2 – 4　新闻图片库与其他图片库的合作

与专业图片库的合作

专业图片库主要有医疗、图书馆、博物馆、动物、植物、艺术展览馆、建筑设计等行业的图片库。例如，中科院的植物图片库。这些图片库的专业程度较高，能为相关行业提供大量罕见的内容。这些专业图片库能够聚集专业资源。报业集团图片库与其合作，能够帮助其实现盈利，也能扩大本集团的盈利渠道。

与微利图片库的合作

微利图片库是当今发展较快的图片库，因其内容多元，价格便宜而备受青睐。但是其内容较为低端，和新闻图片库可以形成互补，与微利图片库的联盟与合作可以形成较强的竞争力。

与其他新闻图片库的合作

其他新闻图片库因为其图片的内容、范围与报业集团形成互补关系，也可以形成结盟，构建起新闻内容的跨地域、跨行业的新闻内容库。

对各个子报图片的集合

报业集团图片库需要与子报、子刊之间形成直接对接，图片库成为集团内部信息交流平台。图片库能够合并各个子报的图片库资料，各个子报图片库资料的实时上传、存储到图片库，实现子报内容定期自动上传，子报中的图片必须以最快的速度流向集团图片库。这个时间应该尽可能地缩短，时间的缩短意味着图片资源能以较快的速度在各个报社之间流通。所以需要制定子报、子刊和图片库之间的合并时间路线图，一方面可以使各个报社之间的摩擦最小化，另一方面可以让各个子报的编辑相互适应，提高竞争力。

图片社与其他网站之间的合作

一些网站有大量的图片，如，电商网站、企业网站、机关网站和事业类单位网站。有些则是公益机构的网站，这些网站拥有大量的正版图片，与它们的签约协作将加大图片的库存。

3 图片库的盈利模式

3.1 图片库的价值链分析

3.1.1 图片库价值链属于虚拟价值链

在线图片库是以图片信息为主要内容的库存，它不但具有实体价值链的特征，而且具有虚拟价值链的特征。哈佛商学院的杰弗里·F. 雷鲍特（Jeffrey F. Rayport）和约翰·斯维奥克拉（John JSviokla）最先提出虚拟价值链（Virtual Value Chain，VVC）概念。他们指出，进入信息时代的企业都在两个世界中进行竞争：一个是由资源组成的物质世界，称之为市场场所（Marketplace），即实体经济的价值链，它是基于物质资源的增值活动；另一个则是由信息所组成的虚拟世界，即市场空间（Marketspace），它会产生虚拟价值链，是基于信息资源的增值活动。在虚拟价值链中，原来物质价值链的增值环节逐渐被信息流所取代，原来的仓储、来料加工、运输和营销都被转移到网上，许多现实环节都被压缩了，有些环节从此消失了。这引起了传统价值链的结构性升级。虚拟价值链和实体价值链的区别见表 3-1。

表 3-1　虚拟价值链和实体价值链的区别

比较内容	实体价值链	虚拟价值链
原理	边际效益递减	边际效益递增
管理和生产的对象	实物产品	数字产品

比较内容	实体价值链	虚拟价值链
增值过程的连续性	价值链的活动具有连续性	价值链活动具有非连续性
信息的作用	辅助因素	创造价值
中介	物理中介	信息中介
客户和产品的关系	产品接受者	参与产品的制造者
核心价值	产品、服务等可觉察的物质价值	信息交流价值

现代信息价值链认为，虚拟价值链不但可以在实体价值链之外创造附加值，而且还可以独立地创造价值；虚拟价值链可以扩大经营范围，提升价值实现的空间；虚拟价值链有助于建立起客户关系网，实现价值的精确化生产；虚拟价值链的每一个价值增值环节都可以创造价值，给企业带来竞争优势。在虚拟价值链中，技术处理信息的能力越来越强，成本越来越低，价值升级越来越快。软件技术能对所有的信息进行定制化服务，让信息能够更加精确地服务于所需要的人群。企业能掌握市场、对手和用户的所有信息，并对这些信息进行价值开发，实现信息的增值服务。

3.1.2　图片库价值链的特征

图片库价值链是以传媒信息为核心的价值链。"产业链价值是以某项核心价值或技术为基础、以提供能满足消费者的某种需求的效用系统为目的、具有相互衔接关系的资源的优化配置和组合。其中包括3个方面：首先，产业链价值是一种相关资源的组合；其次，这种组合不是无序的，而是要求围绕着某项核心价值或技术来加以优化和提升；其三，对于产业价值链是否优化的判别标准应是着眼于是否最大限度地实现其资源的全部价值，即优化的标准是着眼于结构和动态的，它的讨论对象是环节而不是点。"[1] 图

---

① 喻国明、张小争：《传媒竞争力：产业价值链案例与模式》，华夏出版社，2005，第15页。

片库价值链的最核心价值取决于图片的质量和数量，依此拉动整个价值系统，达到统领整个价值环节的目的。这种链条决定了价值链条的打造"建立在对媒介影响力的高度依赖性之上，在此基础上实现媒介的品牌或影响力等无形资产与其他行业有效嫁接，通过'多次深度开发'开辟多个利润端口"。①

文化产业价值链的开端在于创意内容的策划，图片库价值链的开端也在于图片内容的策划和设计。其价值链开端表现为图片、照片、微视频等的制作和设计。内容设计包括了图片的事件、图形特征、表达方式、思想内容和风格等，它更多地体现为图片的原创性、即时性、独特性、风格的个性化等特征。其主要创作者可以是图片摄影师、摄影记者、签约记者、签约摄影师、拍客、图片编辑等。这是图片库的价值源头，有了这个源头才会引发后续价值。

作为传媒集团旗下的图片库，一方面，产业链的建构、扩张和开发的话语权掌握在集团手中；另一方面，图片库价值成为集团的产业链的一部分，在报业集团的大产业链中具有较大的责任和义务。图片库这个"产业链条的主导者凭借较大的话语权可在一定程度上占有其他利益合作方的'剩余价值'，同时必须承担更大的公共责任，比如应对外部挑战，与政府管理机构保持良好沟通"②。图片库一方面能获得一定的竞争优势和经济利益，另一方面承担着社会、政治的重要责任，也能获得社会相应的回馈。

3.1.3 图片库价值链的基本环节

图片库的网络外部性效应

单独的一张照片可能不会产生一定的价值，但是相关性高的

---

① 喻国明、张小争：《传媒竞争力：产业价值链案例与模式》，华夏出版社，2005，第25页。
② 喻国明、张小争：《传媒竞争力：产业价值链案例与模式》，华夏出版社，2005，第25页。

图片聚合在一起，从各个侧面各个角度展现事件，才能产生更大的价值。图片集中在一起会产生"1＋1＞2"的效果，图片数量的增加会实现较强的网络外部性。图片库因其大量的图片积累，为深度报道提供了可能，让已有的老照片发挥更大的影响力。数字图片产业将在未来打通文化、艺术、政治、经济等多行业，实现图片对所有内容的整合，图片库将在多个行业之间的关联中获得新的发展机会。

图片的租赁和出售

图片库的一项重要任务就是为下游各种媒体提供图片。这些图片都是通过租赁的方式出售给下游媒体的，下游媒体只能使用该类图片，不能取得知识产权。在国内新闻图片市场上，图片库的主要客户为报社、网站、杂志社、出版社、电台、电视台等客户。图片库可以为传统媒体提供大量内容，满足传统媒体所需。传统媒体由于采编人员受到地域的限制，且受到图片搜集能力、采编时间的压力、整合能力的限制，往往难以获得必要的图片。它们对图片的需求量很大，图片库的主要价值在于为其他媒体提供必要的图片。目前，在我国的新闻图片市场上，新华社的图片售卖量占国内市场总量的50％，居中国编辑类图片市场的首位，CFP视觉中国图片社以30％的市场占有率居中国编辑类图片市场的第二位。CFP视觉中国在2010年的营收为1.5亿元人民币，2011年近3亿元人民币，利润约1亿元人民币。另外，图片库与网络媒体合作，为其提供大量图片。例如，全景图片库通过与腾讯、网易等大型门户网站合作，签订长期图片定制合同，为其提供大量的图片内容。

图片产业主要围绕着"图片生产——图片加工——图片售卖——广告商二次售卖——读者欣赏"的整条价值链。在产业链条的有机整合下，价值链的每一段都会形成巨大的产业价值。

图片在艺术市场上实现高附加值

图片往往通过在艺术市场上出售，进入艺术流通领域。《连线》杂志的雅各布·席勒（Jakob Schiller）认为，当代照片市场正在发生"一种趋势，摄影师正努力重新将自己定位为艺术家。这样他们就可以将自己的作品在艺术市场上以高价出售，而非停留在传统的照片市场"。在进入艺术市场之后，照片本身是在传播过程中获得其价值的，有许多价值都是照片之外产生的。主要包含拍摄者的时代背景、作者的思想、后人的评价、在当代的现实意义、照片展现其价值的方式等。"影像作品拍卖价格主要由几个方面的因素决定：作者（即摄影师的名气、地位）；作品（即该作品本身所具有的艺术性、创新性、特殊性、稀缺性，涉及的题材、品相、现存数量、尺寸）；附加价值（后人赋予的）；商业因素（拍卖市场，社会流行）。"[①]

图片库的线下拍摄项目

图片库具有大量的摄影师，能够有效阻止摄影师的线下拍摄活动。摄影师对摄影作品的策划、组织、拍摄、后期处理为摄影作品提供了价值延伸的空间。另外，电商对于自己的产品要进行展示，对网络商品的拍摄要求越来越高。在网店中，图片能有效吸引购买者的需求欲望，最大限度展示商品的表现力。例如，整个金华地区有7万多家网店，其中义乌市有2万多家，每家店铺都需要有精美的照片来展示自己的产品，引导客户购买。产品图片吸引眼球，很大程度上能勾起人们的购买欲望。所以，在义乌催生了许多网店摄影师。图片库一方面可以聚合大量的摄影师，另一方面可以吸引大量的商家，通过平台的作用实现双边市场的价值。

在图片联盟中起到价值链整合的作用

图片库具备自身的渠道优势，通过这个优势，图片库一方面可以向下游延伸（如上所述），另一方面也可以进行产业链横向拓

---

① 宋晓刚、朱颜：《天价照片：空中楼阁还是实至名归?》，《中国摄影报》2012年6月26日，第1版。

展，即加粗产业链。

图片库常常将下游媒体的内容推介给更多的媒体。例如，CFP 视觉中国通过和 Getty Image 的合作，代理其产品，不但将国际上的优秀照片吸引到国内，而且学习其优秀的管理经验和图片编辑经验，通过代理，打造品牌，实现图片库自身价值链的攀升，反哺图片库的发展。另一方面，也将 Getty Image 作为平台，将国内三十多家媒体的图片资源推介到国际市场。目前 CFP 视觉中国通过和《京华时报》、《新京报》和《南方都市报》等报社签协议的方式，合法地使用图片，利用图片库的渠道优势推入国际市场，向海外销售，拓展了图片资源的使用空间。如果被海外媒体采用，不但能将自己推广出去，而且报社和图片库都可以获得 50% 的收益。但是国内图片的质量不够高，与国际接轨难度较大，所以图片的质量亟待提高。通过和国外图片库的合作，图片库将加快学习的步伐，根据国外媒体的制作和管理的要求编辑图片，满足国际需求。国际图片库是一个重要的传播渠道，将关于中国题材的照片发布出去，更能赢得国外媒体的关注，使国外媒体能够以中国人的视角和价值观去理解事件，提升我国媒体在国际文化传播上的话语权。

图片库能有效整合各种图片资源，加粗图片产业链，提高图片的价值。就单独的摄影师来讲，拍的东西大多比较零散，很难成为一个系统。而出版单位所需要的东西大多数是专业化强、特征明确、专题化强、相关度高和拍摄角度多元化的照片。图片库则能够聚合所有的图片资源，从多个角度展现同一话题，更有机会产生巨大的社会效应和经济价值。

视觉叙事的经济价值

图片和视频能够从各个角度对所发生的新闻事件进行全面展示，并形成一个全面的叙事链条。媒体对该热点事件的报道会不断地重复这些叙事链条，从而让该叙事链条产生价值。例如，2012 年深圳"5·26"交通事故中，整个叙事链条因为媒体的不断引用，具备了一定的价值。如果图片库能够将这些具有重大新闻价值和意义的图片、视频搜集起来，一旦发生类似事件，便可以从各个角度挖掘其内容的价值。

战略管理和风险管理环节

战略管理和风险管理环节由研发、战略管理、风险控制构成。在线图片库由于具有信息采集能力和数据收集能力，能够对图片库系统的数据进行采集和分析，发掘系统内图片的使用特征，以便进行战略部署和内部管理。通过对市场供需现状数据的采集，对图片市场发展现状进行数字化监控，实现对图片市场现状的管理；通过采集读者数据，获得读者的观看倾向、趣味和爱好；对摄影师的上传工作、编辑工作信息的采集，实现对业务现状的监管，并提出相关要求。根据这些管理，制定更具指导性的发展策略，为整个图片社的发展指明宏观的发展方向。

另外，图片库需要严控风险概率，通过对摄影师、受众、用户、市场等全方面观测，了解图片库中各种因素的变化，严防图片库发展过程中的各种风险，如摄影师人才流失、受众黏性下降、市场份额下降、用户不满状况增多和网络技术故障等。根据实际发生的现状，提升风险管理的能力。

3.2 图片库的对内营销

图片库的作用在于积累大量的图片资源，服务于集团的采编工作。图片是集团的内容资本，确定其资产性质有助于推动集团内部的资产管理，推动资产管理向统一管理、责权明确、统分有序、管理规范的方向发展。

3.2.1 集团图片库的基本建设规范

图片库是内容资产，其资产管理需要规范化、制度化和常态化。通过建立明确、长期的管理方式，可以提升图片库的溢出价值。

其一，确定产权的归属。各子报对自己的图片拥有知识产权，进行资产管理首先要满足本单位的需求，依据该单位的要求给不同的内容以不同的开放程度。

其二，鼓励图片的内部交流。为了扩大规模效应、节约成本，实现图片价值的最大化，根据各个子报之间的要求，形成集团图片库系统内部的阻断和疏通渠道。

其三，优化报业集团的图片资源管理。构建报业集团内部资源统一、有序的分级管理，提升图片的流通速度，提升图片的使用率，提高图片的经济价值。

其四，建立各个报社之间的图片成本和价值的核算方法，厘清其价值和归属。利用自动核算模块，实现集团图片和子报图片之间的统分关系，并做出量化管理，做好相关的结算工作。各个子报之间图片资料相互可以借用，但必须建立成本核算机制。

其五，以图片产生的时间、事件的深度、有关部门的定价等维度为参考，制定图片价格系统。集团内部购买按照价格系统进行，年终各个子报之间展开价值核算。

3.2.2　集团图片库的基本建设框架

报业集团旗下所有的报社、杂志社和网站都要将本单位自有著作权的图片或者采集到的共享图片上传到集团图片库中，并在上面做以下几种分类标注。

其一，注明图片的权利归属。标注摄影师拍摄的图片著作权归属，拍摄人是谁（系统自动生成）等与作者相关的信息。

其二，注明解密时间。上传者可以选择该图片是否是独家，是否可以共享。图片是否可以解密，多长时间之后可以解密。当图片密级过期，本部门所拥有的图片则会转向后台图库，成为集团内部能够共享、交易的图片。当图片的密级达到可以对外销售的时候，才完全进入前台，实现对外盈利。

其三，注明图片的公开程度。在图片中注明，图片是否可以公开，如果可以公开，其公开的范围、使用图片的权限等。

其四，注明内部结算价格，标定图片在内部的结算价格，使用要求等。

其五，注明外部结算价，标明图片对外租赁的价格、时间等。

其六，集团图片库对图片进行整理和管理，便于为集团其他子报、子刊提供资料。

有些新闻事件会有相关的后续报道，而在后续报道中，事发地点的图片成为重要资料。例如，在 2013 年 1 月 22 日的深圳观澜女生遇害案告破的报道中，深圳报业集团四大报纸中，有三家报纸报道了该案，另外，《深圳都市报》也报道了该案。《晶报》配图为"观澜派出所教导员郑洪明介绍案件情况"，显然是后期报道。《深圳商报》则配发了两张图片，一张是遇害者微博的自拍图片（并且为了保护个人隐私，对遇害者的眼睛做了马赛克处理），另一张是遇害者的被害地点（该照片也是网友拍摄）。《深圳都市报》《深圳晚报》《深圳特区报》报道了该事件，但是没有配发相关图片。这些图片可能今天在网上有，明天则会消失。集团图片库需要将必要的图片备份下来，给予标注、说明，并存入集团的图片库，以便随时查阅。这些网络图片在后续报道中具有较高的报道价值。一图胜千言，合适的图片能够给读者提供相关的环境，引导读者阅读，有助于读者对事件的理解。记者和编辑经常处于高强度的工作压力下，如果能有便捷的方式、合适的渠道，获得更好的报道内容和素材，将会大大提高报道的质量。如果集团图片库编辑根据新闻的重要性通过网络、事发现场、事后采访等方面搜集起大量的图片，将对集团其他报纸的报道，以及以后的报道起到重要的作用。

3.3 图片库的对外租赁

3.3.1 图片租赁的主要形式

图片不但在报业集团内部销售，也面向集团外部销售，实现图片的对外租赁。对外租赁是一些图片库收入中的重头，如"Getty Image 的营业收入主要为大量的小规模零售交易。Getty Image 的客户比较分散，没有任何客户个体或集团占公司销售收入的 10% 以上。这些零售交易包括向顾客出售单张图片、视频文件或电影剪辑文件的使用权以及向顾客出售包含有 100~300 个图像文件的 CD 产品的交易。根据 2005 年财报，此类收入占据了 Getty Image 收入的 3/4 以上"。[①]

目前图片库的对外销售主要有以下几种方式：版权管理（RM）、免版税（RF）、简单定价模式（RE）、指定授权模式、免税许可、独家授权。

RM（Royalty-Managed）版权管理模式

此种模式也称特定使用范围版权模式。用户取得图片的使用授权受次数、时间、空间和用途等条件限制。客户每次使用图片，都必须获取使用授权。授权价格是根据客户最终使用的次数、用途、地域、期限、周期、图片大小等因素来计算的。RM 模式因授权和定价方式灵活，可以根据用户的需求来单独定价，很受用户欢迎。

RF（Royalty-Free）免版税使用模式

具有非排他性授权使用的特征，但是此种模式下著作权是不可转让的。这些图片只以数字形式提供，虽然限制了图片的尺寸，但是图片的使用时间、空间不受限制。图片的价格主要取决于图片尺寸，而非特定用途，这种图片可以适用于多个事件、多种用

---

① 贺璐：《图片库市场研究：Getty Image 何以成功》，《新财富》2007 年 3 月 21 日。

途，不须支付附加版税，不须付任何附加费用。RF 模式的授权和定价方式具有标准化，因其"一次购买，多次使用"的特点，得到了很多客户的欢迎。

PE（Price-Easy）简单定价模式

定义为 PE 模式的图片，其授权价格基于 RM 模式，但是被预先设定好使用次数、时间、空间和用途。这样图片的定价相对可以标准化，简化了图片买家的购买流程，提高了效率。PE 模式的图片，其基本预设参数：使用 1 次，有效期 2 年，限中国大陆地区。其用途预设：广告发布、展示、宣传册、传单、直投媒体、媒体出版、封面、内文和企业机构用途等种类。PE 模式是简化了的 RM 模式，其图片也完全可以按 RM 方式进行销售。

指定授权模式

这种授权是所有授权中最死板的，但同时也给了职业摄影师更多的选择。它可以限制买家的使用范围和使用次数，限制使用的国家和地区。这种照片一般比免税照片要贵一些，需要在每次使用照片时都支付一笔固定费用。这意味着如果买家希望把照片复制 50 份，那么他就需要支付 50 倍的价格。

免税许可

这是图片库网站中最常见的授权类型。购买者为照片支付固定的费用，无其他附加费。比如一张照片售价 1 美元，则购买者仅支付 1 美元。同时购买者无权二次出售这张照片，仅被授权使用它。

独家授权

这其实是以上授权的附加。如果摄影师上传一张照片到一个图片库网站，并选择独家授权，那么就不能将其上传到其他网站，无论该网站是图片库网站还是摄影师自己的个人网站。对于使用者来讲，独家授权也具有排他性，即不允许图片库再向其他用户出售该图片。

3.3.2　图片库的租赁服务

对外展开图片租赁服务主要有两种方式，一种针对传统媒体，另一种针对新媒体。

对于传统媒体，图片库需要加强与传统媒体之间的联系，通过线下和线上相结合的方式展开营销。一方面，在线下对其采编人员展开营销。另一方面，通过打造线上图片库，以尽可能便捷的方式促使线上图片库和线下图片库相结合。

平面媒体用图越来越便宜，网络用图的价格更是直线下降。移动网络和互联网的发展速度过快，其受众的注意力越来越呈现碎片化和不确定性。随着互联网企业的大幅增值，企业对受众的满意度越来越重视，购买图片的意愿也越来越强烈。

图片库需要不断向其他相关媒体推销图片，以求能够迅速实现其价值。并将这种营销关系数字化、常态化。图片库作为在线的数字化管理模式，必须利用其技术力量将图片有针对性地推送给相关媒体。

针对下游用户，图片库可以根据其特点展开定制化营销方式。这种营销方式的作用在于：其一，给相关企业提供细分市场所必需的产品；其二，节约了下游媒体选择、编辑的时间，为下游媒体提供了更好的服务；其三，刺激了图片库内容的销售。例如，全景公司与腾讯进行了深度合作，"针对腾讯网站下属的 36 个频道栏目板块，提供相应的图片定制服务。通过全景自身专门的资深专题编辑团队与内容编辑团队，根据腾讯公司对图片表现、版面要求、人物造型、拍摄角度、编辑内容等特殊要求，推出相应的定制化专题服务，用专业的团队满足腾讯公司各频道对特殊情况下的图片要求"。① 全景公司也将这种定制服务扩大到了许多门户网站。该公司的这一发展方向将促使其向中国最大的创意在线

---

① 李帅：《全景携手腾讯再创"网络图片定制服务"新巅峰》，《广告人》2007年第 9 期。

工作平台迈进。

3.3.3 图片租赁的定价机制

图片的租赁依赖的各种维度，主要体现在以下几个方面："①广告的展示方式，如灯箱、路牌、杂志、报纸、网站、电视、地铁、火车、展览、装饰画、台历、年度报告或者 CD；②发行量及知名度；③展示时间的长短；④广告的尺寸；⑤地域，主要是指广告用于某个区域、全国或全球。"① 在以上几个维度中，图片库根据其特征而展开差异化定价。

另外，图片租赁也要根据以下几个方面制定营销价格。

第一，根据照片的稀奇程度来定价格。"新闻图片的售价也与照片所表达事件的稀有程度呈反比，事件越罕见，越离奇，图片的索价也就越高。"②

第二，根据照片获得的难易程度定价。

第三，根据照片可能产生的效果评估（参照同类图片的信息反馈，分析照片是否易卖）定价。

第四，根据照片制作的花费定价。

第五，依据图片的租赁时间和范围等定价。根据租赁时间（天数、月份），"在经营模式上，不同于 Getty 图片的高质高价，Fotolia 的低端图片每张售价 1 ~ 3 美元不等，作者可获得三成提成甚至更多，由于回报丰厚，摄影师及照片加盟踊跃，截至 2008 年 11 月已经有 87.3 万人的注册摄影师，446.8 万张的在线图片。此外，Fotolia 还发展了打包销售图片的策略，目前有 199 包月、899 半年、1649 包年三档，均为一天 25 张图片，最低折合 14 美分/张，充分体现了互联网的薄利多销本色。公司的现金流和图片流

---

① 〔美〕陈小波：《把你的照片换成钱——图片库摄影师的生存之道》，北京人民邮电出版社，2008，第 8 页。
② 曹莉欣：《网络图片社的渐进渗透式发展》，《今传媒》2006 年第 12 期。

均是数字化完成"。①

第六，根据图片的像素，使用的次数、频率来制定价格。例如，微付费网站"上海微图网络科技有限公司"的图片收费情况为"根据图片文件量的大小来收取不同的费用。比如一张 800 × 600 像素的图片售价 5 元，4200 × 3600 像素的图片售价 50 元"。②文件规格越大，收费越高。

第七，以租赁方式（报纸、刊物、网络、电视）为维度，进行定价。图片价格的销售是以上多个维度之间的交叉而展开的。即根据用图质量、使用时间、适用范围、使用媒体等情况综合定价，形成相对多元的定价机制。例如，Photographerindex 图片库依照产品规格、图片的使用大小、发行数量这三个维度之间的交叉制定价格。例如，产品规格根据杂志、广告牌、小册子、优惠券、报纸、购物点、包装有所不同；根据图片的使用大小有所不同，1/4 页、1/2 页、全页、主要展示的封面；根据其发行数量有所不同，10 个或更少、11 ~ 100 个、100 ~ 10000 个、1 万 ~ 3 万个、3 万 ~ 5 万个、5 万 ~ 10 万个、10 万 ~ 25 万个、25 万 ~ 50 万个、50 万 ~ 100 万个、100 万以上③。

3.4　图片交易中心

3.4.1　图片价值从线上到线下

通过线下方式实现图片交易

目前国内线下图片交易规模较大的要数北京竞园，它占地 10 万平方米，是主要围绕图片交易、拍摄制作、展览展示、创意设

---

① 赵文君：《图片媒体的数字化商业模式——以盖蒂图片社为例》，《中国记者》2009 年第 1 期。

② 东晓：《绿叶还需红花衬——记数字微付费图片》，《影像视觉》2007 年第 2 期。

③ 参照 PhotographersIndex.com 价格，http://www.photographersindex.com/price-edcalc.htm。

计、行业培训、版权保护、标准制定与发布、信息服务为中心的图片交易一体化产业园。竞园已经形成了自己的图片交易模式和价值链。它将图片的生产、经营、管理和销售以一条线的方式统一起来，形成以图片产业为核心的价值链体系。一方面将图片价值的上、中、下游都打通了；另一方面，通过图片产业园这种聚合，加粗产业链中的每一个环节，构建稳定、可靠的价值链体系，吸引更多的参与者，实现工业园区的规模效应。

首先，培育集广告、网络以及专业人员的培养为一体的外延式发展模式。如今园区内已经成立两家摄影培训学校，并与马来西亚林国荣文化艺术大学驻中国办事处建立了良好关系。摄影学校至今已培养出 300 多名摄影师和摄影工作者，这些由竞园走出来的专业人员一部分投入园区内部的工作室进行工作，另一部分进行了对外输出。林国荣大学驻中国办事机构也先后向马来西亚、美国和欧洲一些艺术院校选拔、输送了大量的生源，为中国在文化艺术圈的发展从人员培养上进行了稳固的基础性建设。其次，园区还为加快图片产业的发展，促进行业内的交流与协作，搭建了"协会—中心—空间"三位一体的公共服务平台。图片行业协会：竞园将发起成立中国第一家图片行业协会，制定相关的行业准则和产品标准，协调企业间的有序竞争与合作交流。图片版权中心：竞园将发起建立全国首家图片版权保护机构，致力于正版图片的版权保护。行业信息中心：竞园将组建图片行业信息中心，建立中国首家图片行业信息系统，推出首个图片市场交易指数。行业技术中心：竞园将建立首家行业技术中心，提供图片行业技术支持与服务，开展行业技术培训。图片艺术空间：竞园将建立国内首个大型专业图片艺术空间，用以展示优秀的视觉艺术作品，促进图片发展。①

---

① 刘英奎、李莹：《竞园：亚洲首家图片产业基地》，《时代经贸》2011 年第 3 期。

数字图像的物化

图片库可以大力借用其线下性质，通过和线下工厂合作，将图片信息转化成实物，将图片的价值延伸出去。图片库属于信息行业，注重内容，图像加工制造行业属于第二产业，二者的结合能较好地发挥图片的价值。线下的图像制作工厂可以根据图片质量的高低、制作档次的高低形成不同的定位，如高端和低端。例如，以图片复制为主的大芬村油画、观澜版画，它们具备图像制作的优势，图片库具备设计、编辑和管理上的优势，这二者的合作将能较快地实现图像的价值。

3.4.2 图片进入艺术市场

从照片到艺术的提升

这几年由于照片的艺术质量的不断提升，出现了画家对摄影作品的描摹。虽然这种描摹作品的知识产权至今还不清晰，但是这种现象已经成为趋势。有些画家参照他人的照片创作，所绘制的作品与原片高度相似。南京师范大学教授林逸鹏认为，"当今，把照片画成油画似乎成了一种风气，不仅画自己拍的照片，还经常画别人拍的照片，这些行为是否构成抄袭？如果是用画家本人拍的照片自然与抄袭无关，至于照搬自己拍的照片是否就能成为艺术，则是另一个需要讨论的问题"。

2009 年，"第七届中国体育美术作品展"中展出的油画《我小时候》，与摄影师胡武功在 1996 年拍摄的作品《俯卧撑》相似。胡武功认为油画构成侵权，油画作者李跃亮承认自己参照了摄影作品，但认为其行为属于再创作，不属于侵权。又如，中国画家曾梵志的油画《豹》涉嫌侵犯美国《国家地理》摄影师斯蒂夫·温特的著作权。再如，薛华克拍摄了大批西藏或帕米尔高原当地居民的作品，自 2006 年开始，燕娅娅陆续绘制该类作品，其作品和薛克华的摄影作品具有高度的相似性，燕娅娅将绘制的作品陆续发表、出版并展出，其中部分油画通过拍卖公司，以 30 万左右的价格拍卖，被摄影师薛克华告上法庭。"北京市朝阳区人民法院判定，涉案作品在独创性表达，人物形象、细微姿势、神态、服饰等属于作品表达的共同组成部分。燕娅娅的涉案油画与薛华克的摄影作品的画面主要形象基本相同，表明燕娅娅不仅参照了薛华克作品的主题，而且使用了其作品中具有独创性的表达。燕娅娅的涉案行为是在不改变作品基本内容的前提下，将作品由摄影作品改变成油画作品的行为，构成了对薛华克摄影作品的改编。燕娅娅改编薛华克的摄影作品，并未取得许可，且还将改编后的油画作品用于展览、出版，亦未支付报酬，故侵犯了薛华克享有的改编权，应承担停止侵权、赔偿损失的法律责任。"[1]

无论判决谁赢谁输，知识产权只是一个渠道，它能够界定图片的价值所属，并确定其价值生产的方向。将照片临摹成绘画，出现知识产权纷争，这种纷争也是价值纷争。这表明了图片具有较高的产业价值。但实际上，可以通过著作权交易的方式让涉事双方都能获得收益，这是图片本身的价值所在。

燕娅娅油画《卓玛与阿妈》　　　　薛华克摄影《初为人母的美丽》[2]

---

① 黄硕：《照搬照片绘制油画 法院判定构成侵权》，《人民法院报》2012 年 7 月 16 日，第 6 版。

② 《摄影师状告画家称其侵权　照片油画高度相似》，《法制晚报》2012 年 1 月 3 日。

燕娅娅油画《尼沙汗奶奶》　　　　薛克华摄影作品《老人》

燕娅娅的油画作品和薛克华的摄影作品比较①

绘画技术为图片实现其商业价值提供了机会。当代绘画不但是作家的独立创造，而且可以被不断复制。画工的技能已经达到较高的水准。例如，深圳大芬村的大批画工，只要给他们提供临摹作品，他们就可以运用手中的画笔，不断复制加工用户所需要的作品。引导画工的制作导向和制作内容，是图片库价值开发的方向。

通过收藏和拍卖实现照片增值

绘画作品复制难度高，在复制中容易出现真品赝品的区别。照片具有无限复制的特点，这与艺术价值呈相反的趋势。可复制性使照片追求传播效果和范围最大化，却使图片本身在艺术品市场上难以实现较高的溢价。所以，照片常常通过发行限量版的方式来抵消自己的可复制性特征，以求在艺术品市场上获得相应价值。

2011 年 11 月，古尔斯基于 1999 年拍摄的一幅作品《莱茵河Ⅱ》经扫描多底合成，全球限量 6 张，以近 434 万美元高价成交，创下全球摄影作品价格之最。他的另一幅作品《99 美分》价格高

---

① 《摄影师状告画家称其侵权　照片油画高度相似》，《法制晚报》2012 年 1 月 3 日。

达 389 万美元，屈居其次。舍曼拍摄于 1981 年的一幅作品《无标题 96》，在 2011 年 5 月拍出了 389 万美元。从 20 世纪 90 年代末至 2010 年底，摄影作品的拍卖总额已经涨了 1300 倍。2010 年佳士得、苏富比和德·普里三大拍卖行春季拍卖会的总价值为 1800 万美元。这无疑体现出摄影作品在当代的跳跃式发展。美国摄影家爱德华·斯泰肯于 1904 年拍摄的《月色》，2006 年 2 月在纽约苏富比拍卖会上拍得 292.8 万美元。这张照片展现了浅色的月光，然而彩色摄影直到 1907 年才发明，该照片成为世界上第四贵的摄影作品。俄罗斯总统梅德韦杰夫 2009 年拍摄的一幅照片《托博尔斯克的克里姆林宫》，在 2010 年拍出 175 万美元天价，目前列世界最贵照片第五位。在国内，2008 年北京华辰秋季拍卖会中，作为"希望工程"象征的《大眼睛》拍得 28 万元。

任悦认为，"为了让照片这一天然具有复制属性的媒材能够在艺术市场流通，才产生了所谓限量版的规范，对其予以保障的是艺术家的诚信和行业规范。但从这一事件中看到，这些原本就可以无限复制的小底片儿，面对利益的诱惑，其不可估量的变身能力就立即如同魔鬼附体"。虽然许多学者批评照片市场化的过程，但是照片市场存在这样的秘密：限量版是通过数量的限制来实现其价值的最大化。限量版一方面打造了可信任货币化艺术形式，并通过行业规范甚至是法律规范，限制这种艺术形式的货币化通货膨胀；另一方面获得了收藏家的信任，成为艺术市场上可以自由流通的硬通货。

彩色摄影之父威廉·艾格斯顿（William Eggleston）的作品在 2012 年 3 月 12 日出售，这些彩色照片在克单斯蒂拍卖行举行的艺术品拍卖会上拍出了 590 万美元。在拍卖会上，艾格斯顿的 36 幅颜料墨水打印制作的作品尽数售出，交易总额超过预估总价的两倍，多幅作品打破过往作品的最高单幅成交纪录。拍卖的 36 幅作品均使用数字技术制作，原底片经过扫描处理，再由喷墨打印机打印成 60×44 英寸的成品。其中部

分照片是现年 72 岁的艾格斯顿以往作品中最著名作品的放大版本，另外多数照片则来自其新近的整理。此前，坚持传统工艺的艾格斯顿从未制作过尺寸如此巨大的作品……全部作品在 9 个月内完成，这是艾格斯顿使用打印输出技术制作的作品"第一次面世，第一次出售"。[①]

图片在限量销售过程中常常通过尺寸大小、制作方式的变化、是否可收藏等方法实现价值。然后通过艺术品市场的规范、惯例对复制品展开监管，让照片获得溢价销售。例如，美国有 14 个州规定，作品销售方必须向卖家提供作品限量的法律条款。注明作品的版本号、限量数额，并做出没有其他相同作品的保证。通过这些详细的手段，保证了图片在销售之后，不再复制原作，避免作品的通货膨胀。条款同时规定，使用不同尺寸、不同工艺或不同编号的方式对早期限量作品进行的再制作并不在此条款保护之列。所以，威廉·艾格斯顿将他早期已经出售的作品，放大尺寸重新出售，引起了摄影作品市场的一场轰动。这一系列的变化促使图片的著作权保护和销售发生新的改变，以便于保障收藏者的利益。

图片拍卖和收藏

对于普通受众以及收藏家来讲，影像有一定的收藏价值，并且出现了一定的溢价。所以影像的拍卖和收藏成为近年来收藏界比较新的一种现象，也成为图片价值的一种体现方式。

华辰公司 2006 年影像专场拍卖会上，照片首次作为被拍卖对象出现，它可以和其他艺术品一样进行拍卖。随后中国嘉德和北京匡时拍卖公司也加入了照片拍卖的行列，照片从此实现线下价值。其拍卖的作品以高端的摄影产品为主，目标客户定于高端的

---

① 黄一凯、朱颜：《摄影原作及其版本和价值争辩》，《中国摄影报》2012 年 4 月 24 日，第 1 版。

收藏家，并通过一系列包装和限制性机制，实现摄影作品的高度溢价。这些高端摄影作品的价值取决于以下几个因素：摄影师的声誉，摄影作品是否具有代表性，作品的限售量和尺寸（作品的限售量越低，尺寸越大，价钱就越高），代理人口碑的高低，收藏品的来源，收藏家的声誉（收藏家可以免除购买者对伪、赝品的困扰，还可以大大提高收藏者的收藏意愿），收藏品的完好程度等。

3.4.3 图片进入装饰市场

图片的大规模复制

图片库通过摄影艺廊而实现低端摄影作品的物质化。摄影艺廊是近年来伴随着摄影作品价值攀升出现的一个影像作品交易平台，"主要经营方向将是大力开发广大摄影者的低价原作作品，来迎合广阔的家庭装饰市场和宾馆、酒楼、写字楼等公共装饰市场。目前，这种市场已见端倪"。① 其主要是摄影作品的小幅溢价，图片库通过机器大工业复制的方式，实现摄影作品的价值。摄影艺廊的形式作为一种平台，能够最大限度实现双边市场：一方面是摄影家，另一方面是大量的图片收藏和装饰需求。摄影艺廊能够通过平台，实现大量的交易，并且将双方不断流动的需求对接，实现摄影艺术品的价值。这种画作的价格不会太高，但是因为需求量很大，在未来会出现井喷现象。

图片库作为摄影艺廊的数字化形式，能够形成线上双边市场，聚集图片供应方和图片需求方；再通过与线下艺廊相结合，形成两者的共振。这两种方式的结合，一方面通过制作限量版图片，制造图片具有可信度的高附加值；另一方面，通过向低价区域延伸，拉长其产业链；再一方面，通过互联网，拓展营销渠道。2007 年贝克曼开创了图像销售的新模式，"限量版本 + 低价格 + 互

---

① 魏炜：《浅谈中国图片产业的上升空间》，《中国摄影家》2008 年第 4 期。

联网＝每个人的艺术"①。以低至 20 美元的价格通过互联网销售年轻艺术家的限量作品，一些小有名气的艺术家作品卖得不错。

图片的虚拟交易

图片也会在网络空间中产生虚拟价值。一方面，图片的交易需要做到线下和线上渠道的互动，形成相互呼应的图片销售空间；另一方面，图片交易的线上性质注定了其具有良好的发展空间。竞园视觉（北京）文化传播有限公司总经理胡爱华表示"希望能在未来三到五年的时间里把线上的平台做扎实。如果能将这个模式成功运作的话，那个时候竞园就能产生一种裂变效应"。② 这种在线平台究竟如何做，还有待于业界的探索以及市场的选择。有的图片库还与搜索引擎合作，例如全景公司不断着手 SP 服务和图片搜索服务，这是将来图片业务发展的趋势。

3.5　图片库的线下业务

以图片为主的活动经济

图片库不但是聚集各种图片的数据库，而且可以凭借其广泛的影响力动员各种社会力量，形成活动经济。例如，CFP 视觉中国为客户提供以下服务。

> 活动策划实施：利用图片库成熟的媒体资源，为各级政府新闻办公室、企业和相关机构提供活动策划、新闻发布、形象宣传等服务。
>
> 图片资源合作：可为各级政府新闻办公室以及媒体机构提供数字图片资源管理解决方案，整合图片资源。
>
> 图片服务：协议用户可直接在国务院新闻办公室图片库

---

① 云舒、黄一凯：《20X 200：艺术品市场的新模式》，《中国摄影报》2012 年 8 月 7 日，第 1 版。

② 张越：《竞园：从棉麻仓库到中国图片产业链条整合者》，《中关村》2012 年 1 月。

网站上自由搜索、下载所需图片，还可利用图片库丰富的线下图片资源，通过告知所需的图片目录，由图片库向客户提供专业寻图、编辑服务。

委托拍摄：图片库在全国拥有 2000 多名签约摄影师，均为专业图片作者，可以根据各类用户提出的选题和需求组织摄影师进行专题拍摄。

建立线下摄影俱乐部

图片库可以通过建立摄影俱乐部，以线下活动来延伸图片的价值。报业集团的图片库可以为本集团员工拍照来提高本单位的福利，借以构建本集团的组织文化。上海报业集团图片中心设立了东方摄影俱乐部。作为集团的福利，该俱乐部提供为集团的员工拍摄工作照，拍摄 80 岁的金婚照等服务。该俱乐部同时组织线下活动，组织上海的摄影记者、摄影师，征集他们的照片，用以进行摄影展。该活动受到上海市宣传部的支持，并且得到国新办的认可与支持，因为活动的影响力大，争取到了较为充足的活动经费。该类摄影展的照片所有权归俱乐部成员所有，但是他们希望获得更多的展览机会。俱乐部需要集中更多的摄影作品，汇聚更多的摄影师。"东方摄影俱乐部"也着手高端访谈的照片，这种照片主要是为了配合报纸做深度报道，以期形成最好的企宣。例如，潘石屹的访谈照片正是在东方图片俱乐部拍摄的。

图片库提供定制图片服务

图片也可以有针对性地为高端客户提供定制性图片服务。Getty Image、全景视觉等尝试推出些新形式的业务。Getty Image 具有 "与图像资料交易相关的附加服务。比如电子资料刻盘送货、艺术品实物的装裱和运送等。这一部分所占比重很小，2005 年约为 3%"。[①] 图片库之所以能够承接特殊的高端客户，因为其具备

---

① 贺璐：《图片库市场研究：Getty Image 何以成功》，《新财富》2007 年 3 月 21 日。

大批摄影师，掌握着摄影市场的变动，并且拥有大量的摄影器材等优势资源，可以组织摄影师、拍摄团队针对客户需求拍摄图片。这种拍摄中所产生的作品的各种权利依据双方的协商而定。图片库根据其优势资源，为企业客户制作广告和市场推广的解决方案，以便更好地、个性化地服务于特定企业。

为客户实现定制拍摄

通常，在编辑、出版刊物的时候希望获得某类图片，但是由于各种能力有限，并不能获得最佳的图片，所以会根据需要提出特定拍摄对象和拍摄方式，该类拍摄的价格通常由双方协商。例如，通常情况下亚洲图片社的拍摄最低价是 350～400 美元/天，另加耗材费用。很少有出版单位会付到 700～800 美元/天。对于指定拍摄任务，摄影师可以拿到 70%。黑星图片社对于出版编辑类的拍摄任务，一般为 500～1500 美元/天，另加耗材费用，摄影师会分到 60%。CFP 视觉中国图片库和摄影师在收益上实现五五分成。"比如说我们一月份用的图片，三月份我们一定会跟摄影师结账。不管我们是否从媒体那儿收到稿费，这是雷打不动的。卖得最多的摄影师一个月可以收入上万元，比较普遍的情况是一个月上百元到上千元不等。"①

图片库实现线下展览价值

图片库依据自身的内容优势，可以在线下实现其展览价值。"2003 年，广州集成图像有限公司曾策划了一个展览，最早的名字叫'曝光不足'，当时想把这几十年媒体没有充分曝光或者没有曝光的一些作品合办一个展览。此举得到了广东美术馆的大力支持。最后又更名为'中国人本'。2003 年 12 月在广东美术馆首展后，第二年在北京美术馆又连续展了一个月。拥有 200 多位作者、600 多张照片的大型摄影展，引起了强烈的反响。此后，该展览应邀在德国 5 个城市展览了 3 年，每个城市展 3 个月，每个城市为这个

---

① 丛匀:《图片生意算不算一桩好买卖》,《影像视觉》2007 年第 1 期。

展览的宣传费用高达 10 万欧元，真是不可思议。今年还参加了格林斯顿的首展，也是盛况空前。通过这种方式，充分挖掘了图片的文献价值。"①

3.6 图片库的社会价值

图片作为一种有效的传播工具，不但具有商业价值，也具有很高的社会价值。它在意识形态、社会管理、引导观念、构建价值观、营造氛围、传达思想、塑造群体认同、整合社会和动员社会群体等方面具有不可低估的作用。其社会价值主要体现在以下几个方面。

建构意识形态功能

图片作为一种信息和情感表达方式，具有一定的意识形态功能。它通过传达信息来塑造观念、制造氛围来影响受众的情绪。图片库在塑造政治观念、打造社会意识、塑造主流价值观、构建知识、塑造伦理观念等方面具有不可替代的作用。

舆论引导功能

独特的新闻照片能够从特殊的角度展示事件、阐释事件。图片不仅仅是客观现实的反映，而且在传达观念的时候，设置了某种议程。图片的议程设置功能体现在：其一，图片是开放的，即它能够体现某种事件，引起受众对议程的讨论；其二，图片是直观的、清晰可见的，能立即引起受众的注意，有利于传达观念；其三，图片是一种肖似符号，它和事物的形状、人的想象具有一种同构关系。它并不像文字那样是理性的、线性的概念式表达，而是通过感性的画面传递观念，所以它的观念是潜伏的、隐秘的；其四，图片在传达某种思想观念之外，更能传达出情绪和氛围甚

---

① 《第三届中国图片产业发展论坛观点撷萃》，《中华新闻报》2008 年 12 月 31 日，http：//news. xinhuanet. com/zgjx/2008 - 12/31/content_ 10586634. htm。

至是某种无意识；其五，图片在重大事件中具有信息引导作用，图片的引导能力是更隐秘和更有效的，有利于引导受众的舆论按照既定的方向发展。

对外和对内宣传功能

文字在传播上很难跨越语言的界限，图片则是不同语言的人都可以读懂的。图片在对外传播上具有强大的功能，它能够通过直观形象的语言形式传达各种思想观念。我国缺乏内容庞大、管理完善、内容精美、观点独到的图片库，这使我国在对外传播上处于被动的地位。图片常常是外宣部门对外宣传的首选表达方式。目前，国际上影响力最大的是国外的商业图片库和通讯社图片库，这些图片库在展现事件、阐述问题、批评观念的塑造上都带着强烈的立场。首先，图片库所包含的图片内容较多，这些图片的拍摄角度、情感态度、表达方式都是多样化的，有较大的挑选空间；其次，图片能从本地或者本国的立场来传达观念、塑造感情，掌握话语权；再次，图片的观点明确、内容多样、感染力强，在建构国家、政府、地区的形象上起到不可替代的作用。国务院新闻办公室图片库的主要功能是，"利用数字技术和互联网科技，搜集整理优质图片，整合国内图片资源，展示反映中国发展变化的图片专题，开展与国外主流图片机构的合作，面向国际社会传播，加强图片'走出去'"。

新闻执政和信息执政功能

社会发展中的每个时期都会出现一些典型的重要事件和场景，这些场景能够展示重大事件的整体特征，具有特殊意义。这些图片是城市和社会发展的印记，是重要的资料。这些典型的图片不但具有观赏价值，而且作为证据，能够印证某个事实，或者解决客观问题，或者引导受众思考，塑造受众的某种立场、改变受众的行为方式。

在社会服务上，图片作为舆论宣传和信息公开的必需，成为信息沟通的资料。图片库能够做到新闻执政和社会管理服务，促进政府机关、企业和事业类单位之间的合作，并且和大众构建良好的沟通渠道。这些单位在进行社会事务管理上，需要通过图片、文字等信息向市民公布消息。恰当的图片能够搭建机关单位和民众之间的桥梁，树立单位的诚信。

引领相关文化行业的发展

图片库的图片基本都供给下游企业（报社、电视台、网站、杂志社、广告公司等），这些企业大多是文化企业，或者是各行业中经营文化层面业务的企业。这些企业能够发挥形象设计、企业文化等方面的引领作用，将社会主流价值观融入商业文化，或者引领商业文化，将商业文化融入当代社会的主流价值观中。

通过图片展览或线下活动凝聚人心

一些活动能够展示社会发展的现状，展现某种特殊事件。例如，中国国家博物馆的展览"复兴之路"，展示了反映我国从鸦片战争时期到当今中国国情变化的图片，这些图片能够凝聚人心，团结全国各族人民。目前，各个省市都以某一重大历史事件为契机，从某一段历史来展现本省、本市的社会发展、民生变迁。对于本地图片库，能够将各行各业的历史和现状展现出来，能够构建本地文化，形成较强的本地认同，凝聚人心，将各行各业都统一到社会发展的中心工作中，或者让人反思某种现象，推动某种观念或者某项活动的顺利举行。例如，深圳举办了第26届世界大学生夏季运动会，深圳报业集团图片库拍摄了大量相关图片，举办了"大运之光"图片展，展示了深圳大运会的成果。取得了较大的社会反响，也为未来的盈利提供可能。

聚集社会能量，推动社会发展

图片常常能够展现令人震惊的现象或者场景，引起人们的强烈关注。例如，尤金·斯密斯的《入浴的智子》拍摄了因为饮用受污染的水，身体严重畸形的智子，画面令人震惊，激起了国际社会的共鸣，触动了一批有正义感的律师，这些律师与势力强大的被告进行艰苦卓绝的诉讼，最后责任单位不得不向受害者支付巨额赔偿金。

近年来网络事件越来越多，许多网络事件是因为图片引起的。例如，"官员艳照门"、"表哥门"和"天价烟局长"等事件。这些图片或者尺度较大，或者展现的现象有悖于常理，或者鞭笞讽刺现实中的某种现象，引起强烈的轰动。这些现象首先通过网络由网友爆料，然后由传统媒体不断跟进报道，最后引起了巨大的社会反响。图片在该类事件中能调动起整个社会的能量，迫使管理阶层对相关责任人进行追责，引发人们对该事件的反思，营造一个公民参与社会事件的格局。

构建社会文化

好的图片成为市民教育的良好的素材，能够传递知识，教育市民，提升整个社会的素养。色彩搭配合理、构图合理、艺术风格独特的图片往往能够陶冶人的情操，提升人的审美趣味，提高人的视觉素养。图片不但是新闻产品，而且是社会文化产品，更是整个社会的黏合剂。它们为市民的生活带来特殊的意义，建构特殊的趣味。

3.7 图片库联盟的价值

报业集团图片库有自身的优势，但也存在着如下弱点。

其一，由于主要摄影师是本集团员工，在其职务之内，拍摄的图片的广度和深度不够。其二，在国内，报业集团都是属地管理，形成条块分割的格局，内容的地域性较强，这些都和报纸的本地定位密切相关。其三，即使聘请大量的签约摄影师，但图片积累速度较慢，对于稍纵即逝的市场来说，很容易错失机遇。其四，由于图片资源的限制，在其价值开发上外部效应没有充分体现出来，目前，聚集大量的访问量成为首要解决的问题。其五，缺乏渠道导致图片库成为门户网站的内容提供商，处于产业链下游。

为了增强图片库的资源数量，可以选择与有互补优势的图片库合作，构建起范围经济。其作用在于以下几点。

其一，构建内容全面、技术设备完善、收益共享的图片库。其二，通过与其他图片库合作，盘活自身的图片资源，发挥其应有的作用。其三，在与其他图片库合作的基础上，缩短采集图片所需要的时间和路径，提高图片的使用效率。如果能将几个图片库合并起来，图片编辑就可以用最短的时间选取最有用的图片。其四，联盟和合作能在最短的时间内聚集大量的内容资源，能迅速加快图片库的发展，建立起市场竞争优势。

欧洲新闻图片社（European Fressphoto Agency，EPA），与考比斯图片社在 2004 年 7 月 21 日正式宣布在全球范围内结盟，协议主要内容包括：双方在编辑规划上合作，EPA 借助考比斯的全球特许与版权管理体系销售图片等。根据这份协议，考比斯可以向出版业销售 EPA 的图片以及在广告业中为这些图片寻求新的商业机会，两家公司的编辑团队将每天保持密切合作，确保为全球范围内的各种客户提供与之密切相关又足以令人兴奋的图片。签署了这份协议后，EPA 明确定位为国际上最主要的新闻图片供应商，考比斯则可以借此加快其本年度的全球扩张步伐，逐步进入新的市场，并在美洲、亚洲和欧洲开设更多的办事机构。

EPA 总经理容格·谢伦贝克坦言："跻身全球性新闻图片社两年来，EPA 已经快速地成长起来，成为全球各大报纸最可信赖的合作伙伴和图片供应商。与考比斯建立战略联盟将确保我们进入更广阔的图片消费市场，更大限度上挖掘我们在图片方面的潜能。"考比斯负责新闻图片特许和版权服务的资深副总裁加单·申克则表示："这份协议恰好可以帮助我们与这样一位战略合作伙伴一同建立世界上最大的全球性图片库，以此来满足我们客户的需要。EPA 享有很高的声誉，其巨大的图片资源通过考比斯的网络销售将进入全新的、更广阔的空间之中。"①

Getty Image 图片社作为国外大型图片社，不断向全球扩张，2005 年 8 月 1 号，华盖（Getty Image）创意图像技术有限公司在北京成立。华盖公司的创意销售和服务总监牟震声称："我们可以和中国的摄影师签约（签约摄影师不是华盖的员工，而是与华盖进行合作，将作品或品牌交由华盖代理）。或者我们会和本土的图片公司合作，购买他们比较好的品牌，放到 Getty Image 的资源中。因为 Getty Image 的平台非常大，是面向全球的，所以他们也愿意进行这样的合作。"② 在华盖的库存资源中，东方题材的图片是有限的，尤其是中国题材的图片。所以立足中国大陆，扩充中国大陆题材成为必须。Getty Image 在"向其他网站发放许可证。在业务尚未到达的地区，Getty Image 通常会寻找一些销售代表。销售代表通常可以在许可证所带来的收入中获得 35% ~ 40%，Getty Image 获得 60% ~ 65%。但因为 Getty Image 仍倾向于尽量由自己直接对客户销售的方式，所以这一部分占总收入的比重并不高，2005 年约为 6%"。③ 目前华盖不断和国内的报业集团接触，并力图收购国内报业集团的图片库。但这种收购遭到了强烈的文化冲击和舆论管理的限制，难以获得成功。由于联盟进展缓慢，华盖只有依靠自己在中国大陆的影响力搜集图片，通过和签约摄影师的合作来提高图片库存。这对于庞大的、迅速发展的中国市场和稍纵即逝的机遇来讲，其发展并没有达到预期的效果。

但华盖为了扩大在中国业务，通过开办线下摄影活动来聚集

① 周彧：《欧洲新闻图片社结盟考比斯——图片产业版图再出变数》，《中国摄影报》2005 年 8 月 5 日，第 1 版。

② 盖帝图片社：《走近中国的世界图片行业巨人》，《新闻周报》2007 年 7 月 28 日。

③ 贺璐：《图片库市场研究：Getty Image 何以成功》，《新财富》2007 年 3 月 21 日。

人气。从 2010 年开始，华盖在中国大陆举办以东方元素为主题的创意摄影大赛——"东方印象"创意摄影大赛，意在聚集中国最优秀的摄影师。参与者直接向华盖公司的官网提交创意内容，华盖为激励参与者，为该类活动设置了一、二、三等奖。"作品征集将围绕东方人物、中国元素、华夏风景、东方概念四个方面展开……大赛的获奖选手将有机会成为华盖创意的签约摄影师，与全球最大的图片公司、最优秀的团队合作。"

◎ 中篇　新闻图片网的建设和发展

4 新闻图片网的发展

图片库作为内容库存，有强大的内容资源优势。但是在强大的网络渠道面前，图片库被压制在产业链的下游。国内许多网站没有采访权，这看似是一个缺陷，却提升了其在传媒价值链中的地位，免除了他们采集内容所花的巨大的时间和人力成本。报业集团的采访权和拍摄权只能代表其内容上的优势资源，随之而来的是图片库的内容优势。但是在以渠道和用户黏性为主导的网络中，内容优势很难凸显。门户网站将图片库作为内容提供商，图片库被迫处于渠道商的产业链下游。例如，腾讯、网易等门户网站利用其渠道优势，与一些图片库合作，将渠道和内容优势有效地结合起来，实现门户网站的跨越式发展。在诸多图片库竞争中，渠道的地位显得更为关键。

为了突破的渠道困境，图片库不断拓展数字化空间，通过图片网站来打开网络渠道。图片网站是以图片展示为主、以文字表达为辅，集中展示、管理和交易图片的网站。它能够集中展现各种照片、漫画、flash、绘画和短片，形成强大的网络运营平台。

4.1 发展图片网站的困境

前期建设速度慢，图片积累较慢

图片库需要海量的服务器和强大的管理系统。在前期建设中，硬件和软件的建设和购买比较容易，但是内容资源就不一样了。新闻图片库的核心竞争力在于内容资源。必要的内容是图片网站的第一推动力，报业集团一开始便面临着内容贫乏的困境。所以，必须将其战略目标转移为打造内容丰富的平台，通过平台优势克服内容的劣势。报业集团的图片以本地为主，内容资源地域性强，内容单一。记者和拍摄人员的地域文化的限制或者文化圈的限制，导致其拍摄、制作的角度和风格单一。此外，报业集团的图片内容非常有限，要破解内容的局限性，需要不断积累图片资料，而单单靠集团记者的拍摄和签约摄影师的拍摄还远远不够，对于快速变化的市场和受众的需求，这种积累的速度显得力不从心。

购买正版图片的费用较高、难度较大

新闻图片库如果要大量聚集图片，需要购买一批图片，或兼并或联手一些有互补价值的图片库，以增加内容、增强吸引力、提高竞争力。但是正版图片的购买价格高、难度大，这对新闻图片库的发展不利。

新闻图片库缺乏渠道所需要的庞大内容

新闻图片库建设网站，虽然为内容的经销提供了渠道，但是渠道的经营需要大量正版、精彩的图片，而目前报业集团的图片太过于正统，宣传意味过强、个性化宣传不足，图片内容不够多样和多元化。只有拥有大量、正版的内容才不至于发生版权纠纷，只有拥有精彩的、适合受众口味的照片，才具有更高的黏性。

图片网站的风险控制成本较高

为了达到国家相关政策和法律的规定，网站对内容的审查和管理需要投入大量的人力，需要对大量不符合法律和相关规定的内容进行审查，进行限制甚至删除，这增加了新闻图片网站的组织成本。图片网站在危机管理中的作用不可低估，但是目前的网络维稳需要投入更多的人力和财力。

图片网的渠道建设规模小

图片网是传媒集团获取用户的重要方式，但是图片网的渠道规模小。大部分图片网站都是挂在报业集团的网站下，有的甚至

只是一个栏目，没有将图片网作为集团发展的重要项目来建设，造成虽有渠道，但是渠道过于狭窄的情况。

网络渠道所需要的技术和资金缺口较大

新闻图片网站的发展需要解决储存、管理、展示、营销和用户数据挖掘等方面的技术问题，尤其是对用户的精准定位技术。报业是一个知识型劳动密集型行业，在技术投资、研发和敏锐度上存有很大缺陷。我国报业目前对技术提升劳动效率的重要性认识不足，改造现有人力资源的难度较大，对技术的重视度不够高。新技术对图片采编流程具有颠覆性作用，其发展速度快、更新快，技术的价格贬值也快。如何在采取新技术和掌握价格规律之间保持平衡，仍然是报业在项目投资方面的重点。视频网站的建设，前期硬件建设经费高，软件建设难度大。网站的后期建设中技术和软件的持续更新，会推高投资量，因此，报业集团需要拓展融资渠道，提高融资能力。

人才问题难以解决

报业拥有大量优秀的采编员工，这些人在采访能力、编辑能力、文字组织能力、版面组织能力方面有较高的水平。但是由于工作方式和员工思维方式都是传统媒体的工作和思维方式，员工在面对新媒体和行业转型时，学习成本过高，转型困难。报业需要通过大量培训对员工进行引导，也需要通过管理创新和机制创新解决人员转型的问题。采编人员在图像加工、制作上缺乏专业水准，或者虽然重视视频内容，但是其从业经验不足，在对视频的加工和制作上专业性不强，容易生产出质量不高的内容。在图像的后期制作、存储、管理和调取等方面优势不明显。员工在拍摄上专业化程度不够，机器、设备、场地等硬件不够完善。这些条件限制了报业集团自制节目的水平和质量。

建设新项目的环节和机制需要更加科学化

报业集团的科层体制较为庞大，在新项目的管理上重复过多，审批程序复杂。各部门对新项目的理解不够充分，导致项目建设拖拖沓沓，影响进程。项目审批、论证和项目执行的过程过长，导致其容易失去较好的发展机遇。长此以往，不但使项目滞后，而且错过了有利的时机，更重要的是打击了员工的创业积极性。报业集团缺乏新项目的论证、监控、管理、激励和问责机制。在新项目论证的过程中，对新项目的论证常常不能用数字和趋势来说明，而是流于不同观点的辩论。讨论虽然有可能使问题更清楚，但不易达成一致，甚至压抑了对项目的真知灼见。

新闻图片网站遭到门户网站的围堵

门户网站的读者较多，具有强大的用户资源。近几年，门户网站发力于视频和图片网站，通过内容的整合，组建了庞大的图片内容群落。门户网站对各个报业集团的图片各个击破，通过分纵连横，与许多报业集团的图片库进行合作，聚集了大部分报业集团的图片资源。并且通过渠道优势，构建起上游的产业链。例如，腾讯专门开设了影像记忆栏目，将全国大型报社的内容聚合到旗下。目前与之合作的有：《京华时报》《东方早报》《齐鲁晚报》等多家报纸和网站。门户网站随时都在开发新的商业模式，对新闻图片网进行围追堵截，在上游制造新的渠道，俘获下游图片网站，导致图片网站成为其打工仔。

同业竞争的威胁

各地报业集团都在不断重视图像拍摄，也不断建设图片库，并且逐渐加大图片网络建设的力度，提升图片网的传播能力。此外，广电集团、商业网站也都不断地往图片方面发力，在当代数字产业发展中，跨界竞争已经成为趋势，拥有资质的相关图片行业将会在图片领域产生竞争；图片网站面临同一行业不同区域内容的竞争，如，国家、省、市级的媒体图片网站逐渐开展图片网业务；另外，图片网也面临相同区域不同类型的图片网站的竞争。在互联网和移动互联网迅速发展的今天，未来将引发较强的竞争。

需要不断寻找新的商业模式

新闻网站在建设的过程中，经济压力将会随着孵化期的结束而逐渐凸显。新闻网站在发展过程中，需要不断地开发其价值，不断地寻找新的商业模式。新闻图片网站需要在商业模式上不断创新，获得经济价值，并且通过商业模式的创新，获取受众更高的关注。经济效益不仅是利益的驱动，而且是市场的认可，也是新闻图片网长足发展的动力。

4.2　图片网的发展现状和机遇

图片阅读成为基本趋势

近年来，网络阅读成为读者阅读的新方式。网络宽带的解决，导致网络承载图像的能力在持续提升。在网络中，网民越来越缺乏耐心，注意力也越来越分散，而图片有利于提升读者的关注度，提高读者的注意力。图片在网络中的阅读率持续走高，读图成为网络阅读的基本方式。

电视台纷纷开设网络频道，为图片网提供参照

网络视频广告的价格迅速攀升，导致中央和各地的电视台纷纷开设网络电视频道，中国网络电视台、芒果 TV，以及浙江、安徽等网络电视台上线。杭州华数、上海文广、湖南广电、南广传媒都获得了互联网电视牌照并与整机厂商合作，进入网络视频领域。

在图片库的基础上建立图片网站

国内外的一大批图片库都开通了图片网站，这些图片网站主要是满足图片库的内容展示和内容售卖服务，面对的对象主要是各种媒体机构。目前，国内主要的图片网分为以下几类。其一，通讯社的图片网站。主要有中国新闻社主办的中新华社新闻图片网，以及新华社旗下的中国图片社。其中以中国图片社影响最大，它于 1950 年由新华社主办，现属于新华网，目前为海内外 2000 余家主流媒体提供图片新闻，拥有 13000 余名国内外签约摄影师。中国图片社主要负责新华社的图片稿件管理和营销，以及影像洗印生产线等传统的照片行业，现在以线上售图为主。其二，一些政府机关宣传部门所延伸出的图片网站。国务院新闻办公室依据其在图片方面的优势，建设起国务院新闻办公室图片库（China Foto Press），该图片库直属机构为五洲传播中心。该图片库在国内的影响力较大，成为传媒公司的重要图片来源。其三，报业集团也开通了图片网站，比较有名的如人民图片网。该网鼓励网友将自己拍摄的内容上传到报业集团，但是拍摄的内容非常有限，图片不成规模，且该类活动没有常态化，栏目的黏性不足，没能发展成为主导性栏目。另外，地方报业集团或者广电集团也创办了部分图片网站，目前，这些图片网站较少，地域性强。例如，南都网的南都图库网、东莞广电集团的阳光图库、大众日报报业集团的大众网等。

门户网站的图片栏目

国内大型门户网站都设置了自己的图片网，网易、腾讯、搜狐等大型网站纷纷开设了自己的图片栏目，这些栏目虽然没有片源，但是能够与各地的报社、杂志社、网站取得广泛的合作。通过门户渠道展现图片内容。有些网站在图片栏目下面设置了一些精品栏目。例如，网易打造了《看客》栏目，通过各种角度来展现某一话题，并对该话题展开深入思考。设立了《一周图片精选》等栏目，搜集全球各地的图片，通过图片展现每周全球和国内重点事件。

建筑、设计等行业的图片网站

建筑、设计等行业也开设了图片网站，其主要有平面类、设计类，内容主要集中在建筑、设计、绘画等行业。例如，图库天下、闪吧等。这些网站的专业性强，也比较散，行业特征明显。主要是满足行业内的各种专业人士交流所需。

共享型图片网站

共享型图片网站注重受众参与、拍摄、上传和管理自己的图片内容，形成受众之间的互动关系。这种类型的网络主要是构建基于兴趣的社交网络，通过这种网络形成社交关系，主要以昵图网、QQ 空间等为主，其主要内容是网友自拍和自己制作的照片和图片。该类网络的个性化和私人化特点明显。

社交网络的图片内容

微博、博客的内容越来越成为媒体搜集图像资料的平台。这个平台的图像内容较多，但是目前这些微博和博客的图像都被淹没在大量的文字信息中，内容散乱。在图像管理上，对受众上传的图片内容了解不多、研究不够，缺乏整合、编辑和管理。

图片网站所面临的问题

这些图片网站虽然如雨后春笋般诞生，发展中却存在着一系列问题。主要表现在以下几个方面。

其一，图片网站的内容不足。传媒集团的图片网站大都设置了一些栏目，但这些栏目的内容主要依赖于报纸所拥有的图片，与报纸有合作关系的网站图片，或集中在较少的栏目中。例如，环球网作为《环球时报》旗下的网站，汇聚了全球最精彩的图片，实时播放这些最新新闻栏目的图片，并且设置了多个栏目：图片速递、图说世界、独家策划、搞笑趣图、美女秀场、创意无限、一周精选、眼界、周刊、专题等。图片主要以新闻类为主，数量较多，但是对内容的深度挖掘不够。

其二，图片栏目的前期策划不够。栏目内容比较分散，缺乏对内容的策划、编辑和提炼，原创力量不足。一些栏目常常是相关的几张图片的集合，对图片的展示内容、叙事方式、展示角度、场景变化等没有相对完整的搭配，图片栏目的内容显得凌乱。图片网站大都使用了文字，通过文字对图片进行详细说明，甚至文字篇幅远远大于图片内容。例如大河网的图片栏目，有一些图片点开之后是大量篇幅的文字，只配有一张图。

其三，图片网页阅读困难。图片内容的技术力量不足，点击、浏览图片的难度较大，有许多是翻页显示的方式，导致阅读难度加大。

4.3 发展图片网站的优势

政策优势

国家"十二五"规划将文化产业定位为新一轮的经济增长动力，并且着力提升国家软实力，努力做大做强一批文化企业。国家"十三五"规划提出，"加强主流媒体建设，提高舆论引导水平，增强传播力公信力影响力。以先进技术为支撑、内容建设为根本，推动传统媒体和新兴媒体在内容、渠道、平台、经营、管理等方面深度融合，建设'内容＋平台＋终端'的新型传播体系，打造一批新型主流媒体和传播载体。优化媒体结构，规范传播秩序"。新闻图片网站属于新型的文化产业，在国家大力发展文化产业，做强做大传媒行业的条件下，新闻图片网站的建设顺势而为，能够获得相关的发展机遇。

当前我国各省、市都着力强调文化产业，对文化产业在资金支持、项目立项、贷款等方面给予一定的优惠条件。新闻图片网站的建设需要大量的资金、技术和人才，各省、市对文化产业的优惠为新闻图片网的发展提供可能。

图片库聚集了大量的本地图片

报业集团所属的图片库的内容基本上来自本地的各个子报、子刊和网站，由它们将这些内容上传到图片库。这些媒介的定位以本地为主，其内容本身就带有本单位的特点，主要集中在以本地为主的图片内容中。这对于本地受众来讲具有较大的吸引力。

报业集团拥有强大的组织生产内容的能力

报业集团有大量的活跃读者，这些读者能够为新闻图片库提供大量的图片内容，丰富了图片的来源，尤其是新闻类图片。拥有大量的摄影师就意味着能够提供数量庞大、即时性强、点击率高的图片内容。另外，报业集团的线下活动较多，能够吸引大量的拍客，这些人能够为新闻图片库提供大量内容。

在人力资源和管理系统上的优势

由于图片社拥有大量图片编辑和管理人员，这些人有较高的新闻素养、较强的职业敬业精神。他们能够从政治导向、舆论导向、内容特色、审美风格等方面对图片做出管理和审查。图片只有经过较严格的审查过程和流程，其内容才具有更高的价值。

报业集团有自己的网站，为图片网的上线提供了便利

报业集团都有自己的网站。这些网站是报纸内容的数字化的展现方式，其定位都以本地为主，但是它拓展了报纸的固定边界。报业集团建设网站的经验为新闻图片网的建设提供了参照，网站的管理系统为新闻网提供了参考，为新闻图片库的上线提供了渠道。

着手建设移动图片网站

当代读者在网络上的阅读特征表现为：阅读逐渐从电脑转向移动终端，"截至 2016 年 6 月，我国手机网民规模达 6.56 亿人，较 2015 年底增加 3656 万人。网民中使用手机上网的比例由 2015 年底的 90.1% 提升至 92.5%，手机在上网设备中占据主导地位"。[①] 虽然这个数据与电脑网民之间有重合之处，但也说明了中国网民的阅读有摆脱固定阅读地点的趋势。

文汇新民联合报业集团（现为上海报业集团）的图片库

---

① 《2016 年第 38 次中国互联网络发展状况统计报告》，中国互联网信息中心，2016 年 7 月。

建立了图片报，也即图片网。该图片报是 2011 年创办的，主要任务是将本集团、新华社等一些签约媒体的图片搜集起来，形成一组图片，这组照片或者具有共同话题、共同特征，或者具有共同观赏价值。该图片报旨在以视觉的语言报道某个事件。近几年不断从 PC 版向手机版和移动终端版等新的形式推进。东方图片报不仅是一个发布平台，而且是一个搜集平台和互动平台。普通用户可以将自己所看、所拍和所想的图片上传到东方图片报，然后由图片编辑审核处理之后发布。对于拍客来讲，图片报需要制定激励机制，给予拍客一定奖励，如升级、奖励、稿费和会员制度等方式来激励互动参与者。

该集团图片报发布的图片一方面可以对外出售，另一方面可以提供给读者观赏，通过广告的方式补偿图片报。目前该部分广告较少。图片报期待通过提高图片的存货、提高图片的价值、优化图片的价值，吸引更多的读者参与，提高图片报的广告额度，进而生成利润。

就版权问题来讲，版权的问题是迟早要面对的事情，报社对版权问题虽然很重视，但是在很多杂志社盗用其图片的时候，该图片报并未追究对方的侵权责任。因为在国内，想把事情做大，必须要拥有尽可能多的人脉，虽然别人盗用了你的图片，但是转几个弯回来也是朋友。

上海报业集团抓住了图片吸引受众的特点，使用图片"网站＋广告"的模式来获得收益。这一模式将是图片网站发展的必然，通过这种模式，可以使图片网站在网络环境中获得广告收益。

《北京晚报》2009 年 11 月建立了新闻图片网，即北晚新视觉网（www.takephoto.cn），新视觉网是以都市特色为主的视觉网站。功能有二。一是对内服务。《北京晚报》除了用新闻图片外，还需要用资料照片。《北京晚报》新闻图片网主任张风介绍，《北京晚报》每年用的资料照片不低于 5000 张，主要来源于过去的新闻图片、商业网站图片、社会照片。以前编辑找图片很麻烦，在排版时发现缺少某张图片，就安排专人去找……二是对外卖图片、办展览。①

报业集团图片的内容特色强

报业集团所拍摄的图片内容的特色性强，能够将本集团或者相关集团的内容聚集在一起，形成独具特色的图片内容。正因为独具特色，所以其内容面较狭窄。一般的传媒集团根据自身的特点开展了相关的栏目，如凤凰网的"大事件""一周图片""摄影赛"。这些栏目都是根据当前的事件展开的深入报道。但是图片网站需要克服内容单一的困难，要呈现图像感人、美观多样的特点，形成聚合受众的能力。

4.4 发展新闻图片网站的可行性

4.4.1 新闻图片网的机遇

读者数字化阅读率的持续增长

我国网民上网阅读率在不断增长。2012 年，我国成年人上网率为 55.6%。2013 年，我国成年人上网率为 59.2%，同比增长了 3.6 个百分点。2014 年，数字化阅读方式的接触率上升了 8.0 个百分点，数字化阅读上升速度最快。2015 年全民阅读调查显示，我国成年网民数字化阅读方式的接触为 64.0%，同比上升 5.9 个百分点，每天手机阅读时长为 62.21 分钟，比 2014 年增长了

---

① 陈国权：《新媒体需要新思维——北京报纸网站发展思路解析》，《中国记者》2010 年第 8 期。

28.39 分钟，其中微信阅读时长为 22.63 分钟，增长了 8.52 分钟。

网民阅读表现为碎片化、图片化的趋势

无论是电脑阅读还是移动终端阅读，阅读的内容呈现碎片化的特点，读者的阅读方式呈现快速阅读、浏览式阅读的特点。网络阅读不会专注于某一现象，读者的注意力容易转移。图片的吸引力更强，一看即懂，不但能够引导受众阅读，而且适合碎片化阅读。随着网速的提高、移动互联网通信技术的不断提升，图片传播的技术性问题得到解决，以图片为主的传播方式将发挥更重要的作用。

垂直类网站定位明确，发展速度较快

垂直类网站集中在某些特定的领域，根据网民特定的需求而定。这类网站能依靠强大的技术力量，解决该领域中的全部深度信息和相关服务。垂直类网站因其定位明确，对用户的细分准确，能够满足用户的特定需求，越来越受到用户的青睐。其在广告、社区、线下等方式上可以提供精准化的内容，因此有强大的发展潜力，业内也比较看好垂直类媒体的发展。

网络的吉尔德定律凸显

吉尔德定律又称浪费定律，即在商业模式的创新中，价格最低的资源将会被尽可能地消耗，以此来保存最昂贵的资源的开发。新的商业模式产生并运营一段时间之后，其成本迅速下降，甚至远远低于上一代商业模式所使用的成本。技术上的障碍已经被新的商业模式所打破。随着用户对新的商业模式的适应，其需求日渐强烈，新技术产生的价值日益增高。吉尔德预言，在未来的 25 年之内，主干网的带宽每 6 个月增长一倍，网络传输的价格越来越低，并且不断向免费的方向发展。这造就了网络条件下的媒体商业模式，网络传输价值无限接近免费，商家通过免费模式不断开发具有更高价值的内容。大量的图片（尤其是高清图片）观看所需要的宽带价格不断下降，图片网站的费用不断下降，这为图片网的发展提供了基础支撑，图片网技术能力不断增强，其价格也

不断下降。网络新闻服务形成以用户为中心的新闻和信息服务模式，其内容的定制化和精准营销将成为图片网络的发展趋势。

商业模式发生变化

商业图片库作为封闭式图片库，其图片的价值越高，收益率就越高。但是近年出现了微利图片库，其内容更加多元，图片质量不断提高，销售业绩不断提升，图片价格不断降低，使其在图片市场上屡创新高。共享经济思维成为新一代互联网的基本思维方式，这导致图片库和图片网的商业模式从以图片售卖为主，向低价模式甚至向免费模式转变。

移动智能终端渗透较快

移动终端快速发展，中低端机型快速占领市场，智能手机渗透率快速提升。移动端呈现云端化、便携化和高速化的发展趋势。触控技术还将不断推陈出新，终端产品将不断升级，致使移动终端的渗透率会出现大幅度提高。中国移动、联通和电信等通信公司纷纷布局移动设备，移动网络将会出现高速发展。图片网站将会借助移动终端的建设呈现移动化、智能化的特点。

手机照相功能凸显，手机共享成为常态

皮尤研究中心的研究显示，使用移动设备看新闻的人群越来越多，数字化照相模式的出现、智能手机拍摄照片的功能不断增强，各种智能手机不断涌现。人类照片的数量急剧增加，在"照片爆炸"的趋势下，相关行业为网络空间提供了大量的图像信息。网民舆论的崛起，网络传播中公民新闻的崛起，网络社会的众包趋势明显，网络新闻的互动功能增强，在移动网络中，共享决定人气、流量，决定黏性。

4.4.2　门户网站的图片网发展现状

门户网站与图片社相合作，每天播放图片的最新动态

门户网站都争取与各种图片社合作，加大图片的采购力度，

在图片网站上各显身手。腾讯图片新闻网目前主要的合作方是和路透社、法新社、美联社和 Getty Image，并且以这些图片社的名义开设了栏目——每日国际精选。腾讯图片网与国内多家报业集团或者报社合作，为这些报纸开设了图片专栏，另外根据自己的策划推出图片品牌专栏。新浪图片网与国内多家媒体合作，开设了《媒体视野》栏目，图片内容由该媒体冠名。

门户网站自建品牌栏目

门户网站的图片网都重视图片品牌栏目的建设，根据前期策划和设置议程搜集各种图片，以组图的形式将图片加工成一期栏目。例如，腾讯建立了专栏《活着》《视界》《记录》《中国人的一天》等栏目，新浪建立了《天下大观》《趣图》《看见》和《一周精选》等栏目。网易图片网已经实现了自建品牌，其中《事实速递》、《一周精选》、《看客》和《策划》等栏目已经成为其品牌栏目。

通过网络征集图片，提升与用户的关系

门户网站具有强大的影响力，其借助从普通民众那里搜集图片的机会，提升关注度，提高用户黏性。腾讯推出《中国人的一天》栏目，提出了主题拍摄活动，该活动提出，"为了更加全面地记录当今社会的各个层面，使《中国人的一天》更加具有影像的历史价值，现诚意征集主题拍摄线索及各种合作方式。优先考虑某一区域、某一行业、某一民族或某一相同社会属性的人群拍摄，每个主题拍摄 3~5 个人物。具体拍摄合作方式请与腾讯图片频道联系"。

门户网站重视视频内容的发展

门户网站越来越重视视频内容，并且将视频放在比较突出的栏目中。门户网站能将最新发生的视频集中在一起，集中展示。目前新浪、网易、搜狐、腾讯四大门户网站将视频内容放在显眼的位置，有些和图片网站放在同等重要的位置。

设置各种图片栏目

腾讯图片网将图片的内容分成军事、文娱、时尚、文化等类别。这些栏目都将某类最新发生的事件或者与之相关的图片放在一起,以供观赏。在网易图片网上,新闻、娱乐、体育、女性、汽车、财经和房产等栏目一周的点击量都在千万以上,其中新闻图片的点击量最高。

对微博、微信图片进行垂直搜索和深度管理

门户网站更加关注来自网民贡献的图片。门户网站往往通过垂直搜索,整理微博图片,对这些图片进行深度管理。将粉丝量大、精品图片多、影响力大的微博集中在一起,形成微博图片群。点击它就可以进入该用户的微博页面。例如,新浪开设了图片博客,搜狐开设了媒体摄影博客群、媒体摄影微博群。

网页模式设计上重视视觉效果

在网页设计上,图片网站重视网页的左上方的栏目设计。图片网往往在左上方设计了关注度高的、点击量大的一组图片,该类照片都以大图的形式展现。这种图片成为受众落脚该网站的第一视觉点。大图的下方都是各种栏目,这些栏目都以小图的方式展现,点击便可进入该栏目。图片设计基本都使用了图片幻灯、滚动火车(多张图片横向或者纵向排成火车状,沿左方或右方连续方向滚动,点击某张,就会链接到相关网页)等方式,便于操作和展示。门户网站越来越重视网页背景和图片之间的视觉搭配效果。

4.4.3 新闻图片网站的发展趋势

图片的高清化

高清化和智能化提升了画面的美感,正在成为发展的基本趋势,线上视频的高清化成为受众关注的要点。对图片的消费从刚需型转向发展型,人类视觉认知对美感和效果的追求成为基本驱动力。图片的高清化和智能化能为网友提供更高的美感,受到网

友的好评。国际上著名的新闻网站，其图片都呈现高清晰的特点，这将成为图片网站的发展方向。

"互动＋应用"成为基本模式

近几年，图像技术得到了快速提升，图像使用和编辑技术的门槛越来越低，这在很大程度上降低了网友加工图片的学习成本，图片网站与受众之间的互动性加强。新媒体所具备的应用功能越来越多，有丰富个性的网站更加受到用户青睐。好看、好玩和好用将会成为图片网站的发展方向。

图片网站管理的高效化和智能化

随着网络宽带问题的解决，CDN（即内容分发网络，通过它尽可能避开互联网上有可能影响数据传输速度和稳定性的瓶颈和环节，使内容传输的更快、更稳定）市场增速较快，网站的传输速度将会出现大幅提升。网络通信也存在边际成本递减的趋势，这为网络发展提供了重要的发展机遇。在技术和速度的提升下，图片网站在操作上的便捷性、随意性将会出现大幅提升，视觉享受将是图片网未来发展的方向。

对内容的重视逐渐转向对渠道的重视

图片网站的发展要拥有大量的引人注目的内容，要能够通过多种渠道推销图片。目前图片网的内容优势逐渐转向渠道优势。渠道可以形成内容的通道口，聚合大量的受众。近年来，围绕着用户为中心的内容管理逐渐成为图片网站的战略重心。图片网转向对用户的阅读习惯的挖掘，实现对用户数据的掌握，以支撑内容的生产和对其他产业的开发。

图片网利用社交网络平台增加分享，获得动力

媒体图片网和共享网站在内容上相互依赖。Pinterest 网站作为全球知名图片网站，其主要内容来自两个方面。第一，大部分内容来自一些组织或网站。例如，手工艺品网站 Etsy 是 Pinterest 目前最大的图片源，其提供的图片占 Pinterest 全部图片的 3%。谷歌

图片（Google images）是 Pinterest 的第二大图片源，其提供的图片占比稍稍落后于 Etsy。[①] 第二，为了提高图片的多样性，Pinterest 也搜集了大量来自网友提供的图片。

图片网在为社交网站提供摄影作品的同时，也在社交网站上组建自己的账号，用以和读者形成互动。例如，美国《国家地理》杂志的摄影师充分利用了 Instagram 网站，把它当成一个向爱好者提供拍照技巧、小贴示及与粉丝互动的平台。该杂志的签约摄影师经常通过这个平台发布他们的行踪以及在采访中拍到的照片，吸引了众多忠实摄影爱好者。这些摄影师提供的是行踪和采访中所拍到的照片，拍摄质量较高，能够在网络上引起广大摄影爱好者的关注。记者通过 Instagram 将自己的工作照在社交图片库中分享。例如，Vll 图片社的摄影师马库斯·布里斯戴尔用 Instagram 上传了拍摄背后的故事，以达到与和读者互动的目的。但是他不会将最终完成的作品贴出来，他表示，自己喜欢与人分享影像日志。

商业模式的转变

图片网站的商业模式从"二次售卖"向"一次售卖"转变。网络平台中商业模式很难遵循"二次售卖"理论，即先将内容卖给读者，再将读者售卖给广告商，受众和广告主完全分离，导致广告的到达率很低。在网络中，巨大的用户量和受众黏性引发读者即广告消费，二者之间的重叠性很强，广告和销售直接连接，形成"一次售卖"。

"免费＋收费"成为基本模式

网络媒体依据其强大的平台，建设其大量的内容，依据内容和服务吸引大量用户。用户对网络平台，既要求免费，同时也要求提供较高的服务水平。用户的数量和内容的流量代表网站的活跃性和价值。图片网在具备一定的用户的基础上，一方面可以发

---

①　Pinterest 图片来源分析：Etsy 居首位，谷歌居第二位。

展增值业务，另一方面可以实现广告价值。

"众包"成为实现规模经济的必然。众包模式的出现一方面提高了网络内容的数量和质量，提高了其个性化水平；另一方面增强了受众黏度，提高了受众参与度，提高了网络的流量。

手机渗透率急速增长，移动终端分享成为趋势

在全球范围内，移动互联网所产生的流量持续增高。当代的读者的流动性强，阅读网页的空间出现异动。移动终端的阅读必然重视碎片化浏览，观看的非连续性将会加强。多点触屏技术促使图像的制作、编辑能力不断增强。我国网民对手机的使用率不断上升；各类应用的使用率也有所上升，尤其是搜索、微博、电商等应用的涨幅较大。移动互联网的地理位置服务、微信、二维码等应用促进了新的商业模式的形式。

腾讯 QQ 空间的数据显示，QQ 空间相册图片上传数量不断增加。"随着移动社交的快速发展，越来越多的 QQ 空间用户在向手机端迁移，半数以上用户通过手机拍照，1/4 用户通过手机端直接上传照片，移动拍照和图片分享已经成为必然的趋势。"[①] 晒图片成为网友的一种基本生活方式，而且这种晒图片又与隐私保护并行不悖。目前这种晒图方式不断向微信延伸，微信逐渐超越 QQ 空间，并成为晒图的主要平台。

图片网和其他垂直类网站的联动成为趋势

目前移动互联网的用户可以通过现场拍摄，一键分享至 Instagram、Facebook、Twitter、Flickr、微博和微信上。网友已经习惯于将自己拍摄的图片分享到社交网站或其他垂直类网站上。图片网拥有大量的内容，因为用户的行为习惯，将促使其和各类垂直网站之间的联动成为趋势。

---

① 《数据显示 53% 用户使用手机拍照 日上传峰值突破 3.6 亿张》，腾讯 QQ 空间，http://www.199it.com/archives/61916.html。

知识产权的转化

作为新闻图片网站，正版图片的搜集和占有是图片网发展的必然。我国知识产权将会从目前的混乱状况终结，未来的知识产权界定将会越来越清晰，知识产权的模式将会呈现多种多样。随着微利图片库的出现，图片的价格将会大大降低，购买和租赁变得异常便捷。共享图片将为知识产权的转变提供转机。在未来图片知识产权上，随着新的产权模式的出现，节约成本、提高效率和质量将会成为知识产权发展的趋势。未来的知识产权将会出现开放和封闭相结合的状况。购买、租赁正版图片成为共享图片网的核心。图片行业将会出现一方面，内容管理严格，图片产权归属明晰，另一方面，共享内容要完全开放，实现内容的开源管理的局面。

危机管理

图片网的危机管理逐渐成为常态。图片网的网站流量变化、点击规律虽然较为固定，但是市场变化较快，用户流动性强，需要根据相关法律和规定建立图片危机管理机制。网站流量变化和网友的活动变化成为网络发展的核心。图片网站需要加强危机管理，刺激网络的活跃度，提升病毒传播的效果。

4.4.4 图片网发展的可行性方案

在图片库的基础上推进图片网站

报业集团的图片库拥有大量的图片内容，为图片网提供了大量的稿源，这首先解决了图片网上线之初的需求紧迫的问题。另外，报业集团的子报、子网和子刊每天都会生产大量的图片，能够对图片网进行实时更新，满足了图片网的即时性需求。

内外员工相互合作

图片网所需要的图片数量巨大，所以可以使用众包模式，将大量的图片拍摄、制作和管理外包给编外记者或者拍客。图片库可以建立签约摄影师制度和公民拍客制度，将大量的采编工作分散到签约摄影师那里，降低采编成本，提高图片数量。

图片编辑人员的工作重点在于图像审核和管理。图片编辑人员的工作重点从编辑转向图像审核和图像后期管理，主要工作在于保持网络平台的正常运转。

采用视觉营销原则设计图片网

网页设计要充分运用视觉营销（VMD）原则。视觉营销原则首先要强调的是，受众在第一眼看到该商品时，就能够被该商品吸引，在此基础上，使图片可以持续诱导受众继续观看。如此一来，图片网既能获得受众认可，也可达到视觉效果最大化，实现图片网的视觉诱目性和内容推销的结合。图片网首页左上角是第一视觉点，可以使用大图来布置这一视觉点，以诱导读者阅读。其余图片的陈列比较规范，图片单品的陈列需要清晰明了。可以使用幻灯片模式播放，也可以使用点击翻页模式播放。

图片的展示要根据受众读图习惯和新的商业展示的特点，并且做到不断创新。例如，南都图片网，该网站的设置是参照了社交网站的页面设置，页面表现为四个竖栏，既可以分类型展示，也可以展示全部图片。滚动鼠标，图片网可以像瀑布流一样，不断向下展示新内容。又如 360 新闻网根据 windows 的页面特性来展示图片。这些都是与用户的习惯密切相关的。

强化渠道功能

通过图片网的建设这一渠道，实现对网民阅读渠道的占领，强化渠道建设对用户网络入口的占领能力。新闻图片网站本身已具有自身的网络渠道，但是其网络渠道的挖掘、管理和建设需要做好垂直化经营，将渠道打造成不可替代的工具和来源，从而让新闻图片网站具备较强的渠道竞争力。

垂直搜索

图片网通过垂直搜索技术获得查找的便捷性，通过图像搜索技术获得图形特征管理。垂直搜索是被设定为特殊种类的内容搜索，它不同于百度和 Google 的综合性搜索，而是通过该行业中的精准搜索引擎，使用户能够精准地找到所要搜索的对象。垂直搜索同时收录了各类垂直网站和分类信息网站，通过特殊算法，对网页信息进行了结构化信息抽取，之后由行业专家和顾问，进行专业的分类、去重处理，最后分词、索引，再以语义搜索的方式，满足用户的个性化需求。垂直搜索能提高图片被收录的概率和引用率，增加有效点击率。垂直搜索有望能搜集该行业的所有图片网站，并且在该类型的网站中获得最有效的内容匹配。通过垂直搜索，强化内容与受众之间的接入口，避免其他网站对新闻图片网站的上游限制，避免对综合搜索的过度依赖，实现内容与受众对接的相对精确性。做精做强垂直化网站，是小型网站发展的基本模式和路线。

图片网的价值开发

图片网站的建设可以为传媒集团带来大量的用户流量，聚集大量的用户资源。图片网可以通过开发网络广告，也可以通过网络导购来引导流量，促进电商营销。图片网也可以构建网络品牌，通过数据挖掘等形式，开发图片网价值，为集团带来较高的收益，提高美誉度，引领主流价值观。

与上游网站对的产业竞争

网络媒体的产业链升级较快，图片网站不但要应对同业之间的竞争，而且面临被上游俘获的危险。图片网要随时应对来自上游产业对网站的捕获，在合作与竞争中寻找发展机遇。例如腾讯、网易等门户网站通过在图片网站上游建设新的渠道，使图片网站仅仅成为该类型网站的内容提供商。其他网站的渠道功能消失，甚至是无形中被降低。搜索引擎的不断提升导致各种网站成为价值链下游的供应商，浏览器的迅速发展促使搜索引擎被拖到价值链下游。图片网需要不断延伸其网络渠道优势，缩短和用户之间的距离，实现网站的价值链升级。

4.4.5　报业集团发展图片网的劣势

报业发展图片网站，实现数字化升级，不但面临自身的某些惰性因素，而且面临一些劣势的束缚。需要认清这些劣势，警惕潜在的问题，破解发展困境。

图片网的前期建设费用较高。网络建设属于固定投入，如果前期投入成本高，那么后期会产生边际成本下降，出现边际收益递增的趋势。图片库的建设需要大量的硬件软件投资。另外，网络呈现快速更迭的现象，软件更新较快。图片网站建设后，运营成本较低，单位产品所产生的价值较高。

图片网的渠道建设规模小。国内很多图片网站都只是网站的一个栏目，虽有渠道，但是渠道过于狭窄。图片网站需要充足且诱人的图片内容来支撑网站的运营，需要通过垂直网站的建设扩大其发展规模。

技术和资金缺口较大。新闻图片网需要解决储存、管理等方面的硬件和软件问题。另外，展示、营销，尤其是用户数据挖掘等方面的技术的投资较大，对用户的精准定位技术需要的资金较多（虽然网站可以选择不做用户数据挖掘，但这是未来的发展方向）。

员工需要转型。报业集团的员工大部分是做传统媒体出身，其思维方式比较适应传统媒体的管理方式。员工在面对新媒体的转型中，学习成本较高，转型困难，在思维方式上需要壮士断腕的精神。报业需要通过大量培训，以管理创新和机制创新解决人员转型的问题。

内容的数量有限。报业集团虽然有质量较高的图片，图片也在实时更新，但是比起互联网的海量性质来讲，图片远远不够。这些图片一般都集中在本地内容上，以及本地的相关事件。由于租用正版图片的经济实力有限，其内容较少，很难形成规模效应。大多数报业集团的图片网站的内容不足，需要通过大量的娱乐、

体育和历史图片填充。例如，大河网、南方网只有很少一部分是
新闻图片，这些内容以焦点图片为中心，剩下的则是汽车、美女
和动漫等。即使是央视网的图片栏目，图片内容也较少。

　　有些网站则直接定位为娱乐和文化类图片网站，既避免了新
闻图片的难以获得性，也避免了新闻图片的危机传播问题，但是
丢失了大量的受众。例如大洋网的新闻内容很少，主要涉及趣图、
明星、老照片等。该类型的图片内容可以长期不用更新，点击率
较高。

　　图片网的风险控制成本较高。在网络中有网友上传的内容，
这虽然使网络的活跃度更高，但是对图片的甄别、管理任务较重。
有可能会出现许多不符合法律规定的内容。所以，网站对内容的
审查和管理的难度较大，这种管理难度可能根据地方对网络的审
查严格程度而定。图片网的风险控制需要在图片网的管理上投入
大量的人力，增加了网站的组织成本。

　　同业竞争的威胁。拥有资质的相关图片行业会在图片领域产
生竞争，图片网站既会面临同一行业的竞争，也会面临来自不同
区域的潜在竞争者，或者不同类型图片网站之间的竞争。

◎ 下篇　社交类图片网站的建设和开发

报业集团拥有强大的传播力，需要借助现有的资源，建立共享型网站，实现转型升级，为报业集团开辟新的传播渠道，创造新的影响力，寻找新的经济增长点，促进报业集团创意产业的发展。共享型图片库可以占领内容管理的上游，带领纸媒走出低谷，引领传媒行业的发展。

　　通过共享型图片网站的建设，可以引导传统纸媒的采编进行深入融合，为报业实现全媒体战略提供测试。为报业走出内容管理的困境，稳步推进报业集团的内容管理改革。避免报业集团全媒体发展过程中摊子铺得太大，避免投资风险的出现。

5 社交类图片网站发展现状

5.1 国外共享图片网的发展现状

国外共享图片的网站主要以 Pinterest 和 Instagram 为主。Facebook 和 Twitter 则是综合了图片、文字和视频等多种方式的社交网站，也拥有大量的图片。

5.1.1 国外社交网的图像发展现状

用户现状

"从 2006 年到 2012 年，人们花在社交网络上的时间已经翻番，"[①] 同时这种增长势头还在持续，2012 年网民平均每天在使用社交网络方面花费 1.61 小时，2013 年增长为 1.67 小时，2014 年是 1.72 小时，2015 年是 1.77 小时，2016 年是 1.89 小时。2015 年专门以分享图片为主的网站 Instagram 声称其活跃用户超过了 Twitter（其中还有大量的图片分享内容）。这些数据说明了以下几个方面的问题。其一，网民在社交网络中所花费的时间在持续增加，社交网络成为网民生活的主要方式。其二，图片的分享能力远远大于文字的分享能力。哈佛大学商学院早在 2012 年的报告中声称，Facebook 上有 70% 的活动是跟照片有关，而且这个趋势还

---

① Socially Aware 数据信息图，引自 Socially Aware，研究显示越来越多的人花越来越多的时间在社交网络上，http://www.199it.com/archives/82207.html。

在加剧。这也为图片分享能力的不断增强提供了佐证。

颠覆性技术对图片行业的影响

颠覆性技术对整个社会产生变革性影响和作用。哈佛商学院教授克里斯滕森（Clay Christensen）首先提出了颠覆性技术的概念。他认为，一种产品具有从根本上改变现有的产业结构图景的可能性。推出新产品或新服务来开创一个全新的市场，导致传统的产品处于濒于灭亡的境地是有可能的。尤其是新一代互联网技术的发展，导致线下行业濒于灭亡，计算机技术的发展促使现有的行业不断转变。索尼前董事长出井伸之在反思索尼为何会衰落时指出，"新一代基于互联网 DNA 企业的核心能力在于，利用新模式和新技术更加贴近消费者、深刻理解其需求、高效分析信息，并做出快速判断"。他认为，所有传统行业的衰落不是靠管理所能扭转的，而是颠覆性技术对该行业的摧毁性打击造成的。例如，智能手机导致诺基亚全线衰落，图片分享网站以及影像的数字化导致柯尼卡公司破产。微利图片库导致商业图片库的转型，共享图片网对图片库的巨大冲击等。技术的进步一方面导致了商业模式的转变，另一方面导致了既有的运营结构和运营方式的转变。

5.1.2 共享型图片库的发展机遇

读图时代的来临

从整个文化大环境来看，读图时代对我们社会的冲击已经是一个不争的事实。年轻一代的阅读方式逐渐从文字转向图片，他们的长大意味着图片将成为最主流的传播方式。当代文化的思维方式越来越图像化，这是大的文化环境的基本事实。当前各个产业对图片的需求不再是可有可无的，而是必须要有的，有了图片才可以谈内容的竞争力。图片作为内容产业越来越具有强有力的传播效果。"图片在本质上是属于内容产业中最核心的要素之一，尤其是在当前，除了文字之外图片就越来越重要了。"① 新的产业不断成就新的机遇。

图片促进了报纸的快速发展

"近年来在亚洲东方出现的新兴报纸，无一例外都是靠图片来占住自己报纸的重要位置。"② 对于纸质媒体来讲，视觉的冲击力和感染力成为其内容竞争的核心力量，所以报纸对图片的需求不断增长。

我国图像类行业发展迅速

图片库属于朝阳产业，无污染、无库存积压，传播和影响力巨大，具有边际效益递增的特征。

用户在网络上看新闻的比例较高，但是报业集团的新闻网站鲜能盈利，或者是盈利能力远远低于商业网站。这一方面是因为新闻网站都同质化的恶性竞争，另一方面是因为新闻网站的个性化不强，用户服务能力不够，增值服务能力较低。

5.1.3　国外著名的共享图片网站

国外比较著名的共享图片网站主要有以下几种：Pinterest、Instagram、Flickr 和 Path。每个网站的定位和发展现状都有所不同。

Pinterest

该网站是 2008 年西尔伯曼（Ben Silbermann）在山景城科技企业孵化中心 Hacker Doj 探索到图片这一方向，并不断孵化，之后着力发展而成的图片网站。Pinterest 于 2010 年 1 月正式上线，该网站名称由 Pin（图钉）＋Interest（兴趣）组成，寓意为把自己感兴趣的东西（图片）用图钉钉在钉板（PinBoards）上，用以激发

---

① 《人大博导金元浦教授谈读图时代与图片产业》，《竞报》2006 年 12 月 13 日，http：//news. sina. com. cn/c/2006－12－13/160011780368. shtml。
② 郭坦：《图片产业是文化创意产业核心体现》，《竞报》2006 年 12 月 13 日，http：//news. sina. com. cn/c/2006－12－13/152911780139. shtml。

用户灵感，促使用户不断发现新图片。开始时西尔伯曼仅依靠自己的朋友，网站创建前四个月只有 200 名用户，但这些人提供了大量精美的图片。举办了一次成功的室内设计师论坛后，一批喜欢这家图片网站的设计师开始免费为 Pinterest 进行口碑营销，Pinterest 的流量开始以每月 40%～50% 的速度增长。之后，美国二、三线城市的家庭主妇大量涌入，这类人都曾有用剪报的方式收集生活类信息的经历。目前主要用户以女性为主，图片内容主要是消费类主题。Pinterest 为他们释放了线下搜集资料的烦琐过程，提升了线上图片的质量。该网站实现了和其他网站账号的结合，用 Facebook 账号登录 Pinterest 的用户中 97.9% 为女性。用户可以基于自己的兴趣收藏图片，对图片分类、做注解，并且分享给朋友，也可以收藏为私人图片。这实际上形成了一个视觉图片社交网站，它更重视视觉的收藏特点，商业性不是很强。

2011 年下半年，"Pinterest 的成绩令人瞩目，互联网数据监测机构 Hitwise 公布了网站过去半年来的数据。上周 Pinterest 访问量达到 1100 万次，几乎是半年前的 40 倍"。[①] "2012 年第一季度 Pinterest 贡献了 17% 的社交媒体收入，同比增长 16%。访问 Pinterest 的买家平均购物支出比其他网站的访客高出 10%。品牌在 Pinterest 上的增长速度比 Twitter 快，来自 Pinterest 的订单增长了四倍。平均订单消费金额方面 Pinterest 是 Facebook 的两倍。"[②]

网景联合创始人马克·安德森于 2011 年 9 月向 Pinterest 注资 2700 万美元，使该网站出现跳跃式发展。2011 年 8 月至 2012 年 1 月，其月度总访问量增长了 1745%。据美国科技博客网站 Business Insider 报道，2011 年 5 月至 2012 年 1 月，Pinterest 在短短 9 个月

---

① 《美国视觉社交网站 Pinterest 访问量半年增长 40 倍》，Hitwise，http：//www.199it.com/archives/21159.html。

② Cashcow：《为什么 Pinterest 产生的订单流量更多》，IT 经理网，http：//www.ctocio.com/internet/6623.html。

内的独立用户访问量从 41.8 万人增长到 1170 万人，成为迄今用户数增长最快的网站。2013 年 2 月 4 日互联网流量监测机构 Alexa 的数据显示，Pinterest 已经领先于 CNN 和 ESPN，在全球网站排名也位居第 33 名，在当月排第 35 名。2014 年，Pinterest 月活跃用户量为 4710 万人，年增长 11.4%，据 eMarketer 预测，2019 年 Pinterest 活跃用户量将达 5930 万人。

Instagram

Instagram 作为一个共享图片网站，它的宗旨在于，使用相片连接全世界爱好摄影的陌生人，让影像成为他们对话的唯一语言。Instagram 为客户提供了一套顺畅的操作流程：拍照—滤镜特效（以 lomo 风为主的 11 种照片特效）—添加说明/添加地点—分享（可以共享到 Twitter、Facebook、Tumblr、Flickr 以及 Foursquare，甚至新浪微博这些主流社交网络）。2012 年被 Facebook 以 10 亿美元收购时，Instagram 的用户数约为 3000 万人，2013 年 2 月活跃用户数已突破 1 亿人，每天发布的照片数量也超过 4000 万张。2016 年 6 月其用户量已突破 5 亿人，其中日活跃用户也已超过 3 亿人。从 Instagram 成立到 2012 年 9 月，上传的图片总量为 50 亿张。每秒钟上传到 Instagram 的照片数量为 58 张。由于其强大的影响力，产生了巨大的盈利能力。2016 年上半年，该公司的广告客户数量实现翻番，超过了 50 万家。eMarketer 预计，2016 年 Instagram 的广告营收将达到 15 亿美元，而实际上 2016 年其广告额度超过 20 亿美元。

Flickr

Flickr 是由 Ludicorp 公司开发设计的网站。Ludicorp 公司于 2002 年在加拿大温哥华设立，于 2004 年 2 月正式发布 Flickr 网站。主要有 Flickr Mail、联系人、群组、标签等内容。可以根据特征组成不同的种类，方便用户联系、评论。Flickr 于 2005 年 3 月被雅虎收购，2010 年之后，Flickr 不断提升服务质量，提升对照片进行编辑、裁切，及应用色彩滤镜功能，目前成为排名较高的图片分享网站。

Path 公司

Path 公司是由前 Facebook 员工 Dave Morin、Shawn Fanning 和 Dustin Mierau 创建的一家图片分享公司。主要业务就是运营一个私密的照片共享网络，有其一贯的价值理念——私密。Path 称自己为"私人网络"，只能通过手机联系人或者 Facebook 联系人进行挑选，用户最多只能设置 150 个朋友。Path 的设计参考了英国人类学家 Robin Dunbar 的研究成果：在任何时候，人们最多能与大约 150 人维持稳定的社交关系。达到 150 人的上限后，你还必须删除一些人才能添加别人。这些朋友都是熟人圈，可以减轻用户对与陌生人分享照片的担心。

Path 没有"关注"和"朋友"系统，是一款在密友之间进行照片、心情、地址等信息分享的手机应用。其在时间流的基础上引入了"故事书"概念，重点放在了提升故事体验上，在"故事书"的概念下走得更远了。新版的时光流加入了新建故事时的样式引导，新发布的 Path2 更为精细，除了记录照片和视频，它还提供记录用户的想法、用户听过的音乐、去过的地方、遇到的人，以及作息时间等功能，使用户可以记载自己一天里的每个瞬间。Path 比 Facebook 更深入、更细致、范围更小。Facebook 的特点在于所有的信息都被一股脑儿地塞到新闻流里面。Twitter 的特点在于所有消息流非常有用，但又非常随机。Instagram 的特点在于用一种一致的形式分享了美丽的照片，但是照片内容缺少一致性。Path 的特点在于朋友们分享的生活里的私密时刻。

Path 在 2012 年 6 月的用户量突破 300 万人，2012 年 12 月用户量已达 500 万人，其中有近一半的用户会在一个月里至少使用一次 Path。2012 年初，其获得 300 万美金的 A 轮融资。2012 年 4 月，Path 获得 3000 万美元的 B 轮巨额融资，当时其预估市场价值为 2.5 亿美元。

5.2 国内共享图片网的发展现状

共享性图片库的价值

国内的报业集团发展网站的动力很强，甚至每家报纸都有一家自己的网站，虽然都是新闻网站，但是同质化严重，定位重复，形成小、散、弱的局面，难以支撑起报业集团发展所应产生的社会效益和经济效益。所以，重点发展特色明确、定位清晰、竞争力强、聚合能力强的大型新闻网站是目前的趋势。

网民的读图特点凸显

网民在网络交流中，最关心照片内容，通过照片沟通网友，已经成为网民网络交流最突出的特点。所以，对网民的相册的开发已经成为当代网络关注的焦点。但是目前的社交网络缺乏这种内容来满足受众的需求。网络图片大多数与个人相关性不强，很难引起读者重视。

5.2.1 我国的社交网络发展的几个阶段

早期社交网络是以 BBS 为主导的时代

相比 E-mail，BBS 把社交网络向前推进了一步。将点对点形式演变为点对面，降低交流成本，BBS 淡化个体意识将信息多节点化，实现了分散信息的聚合。天涯、猫扑、西祠胡同等产品都是BBS 时代的典型企业。

娱乐化社交网络时代

中国 2005 年成立的人人网、2008 年成立的开心网，2009 年成立的搜狐白社会，这些网站是基于六度分隔理论而出现的新兴网站。它们借鉴了国外社交网的经验，如，LinkedIn、MySpace 和Facebook 等，进行了有中国特色的改造，运用丰富的多媒体个性化空间吸引注意力，对人际关系进行线上低成本管理。这些优秀的社交网络降低了现实生活中人们的社交时间与成本。

微信息社交网络时代

2009 年 8 月新浪推出新浪微博，根据用户的价值取向、兴趣等多维度划分用户群体，用户通过推介、自行搜索等方式构建自己的朋友圈，这样一来使产品迅速聚合了海量的用户群，众多门户网站纷纷效仿（如腾讯、网易、盛大）。2011 年 1 月，腾讯公司推出微信，微信用户从 1 亿人增长到 5 亿人，经过加速度式的增长，成为风靡整个网络的社交方式。

垂直社交网络应用时代

垂直社交网络主要是与游戏、电子商务、分类信息等相结合，是探究商业模式的有利尝试。清科研究中心预计，垂直社交将成为社交网络未来发展的主要方向。各类社交网络产品通过垂直方式不断地寻求差异化发展的途径。社交网络逐渐向移动手机平台拓展，借助及时性，利用各类交友、即时通信、移动终端等软件，手机将成为新的社交网络的主要载体。

手机的便捷性导致许多用户通过手机提供大量的图片，这些图片成为图片资源的重要来源。开发这些图片内容，让这些图片能够实现其多元化和多样性的价值。随着技术、网络速度等瓶颈的逐渐突破，图像在移动网络中的互动功能逐渐被释放。如果遇到合适的发展机遇、恰当的盈利方式，快速发展将不再是梦想。

照片软件功能日益强大

手机软件具备强大的功能，软件集成能够为所拍摄的对象提供大量的拍摄内容，并且对内容进行深入加工。Camera360 是 Android 上最受欢迎的拍照软件，支持对照片添加几十种特效，截至 2016 年 10 月，它在全球的用户量已超过 7 亿人。当今大量的美拍软件都具备了各种特效功能，大大提升了照片的美感度，如美肤自拍、零快门、移轴、移色、趣味，多格和连拍功能还在开发当中。

5.2.2 国内共享图片网站的总体现状

我国现有 30 家专门的图片共享网站，也有一些是从其他网站延伸出来的。这些网站分为以下几种类型。

社交图片网站

其基本上有以下几个种类。第一，校园 SNS 网站，以人人网、占座网、同学网等为代表。这些 SNS 网站以在校学生为主要使用人群，要求实名注册，以确保用户能找到自己的老同学。同学之间存在较强的信任感，所以用户之间能够进行真实性较高的互动。第二，休闲娱乐型 SNS 网站，如开心网、51 游戏社区，多以白领为目标人群，以休闲网游为服务核心。第三，商务类型 SNS 网站，如若邻网、海内网、天际网等，以职业商务人群为核心用户，也要求实名注册，试图在互联网上建立起商务社会网络，方便用户进行行业交流和商务来往。第四，婚恋交友 SNS 网站，如世纪佳缘网、爱情公寓、嫁我网等，以寻求真实婚恋关系的用户为核心，拥有比较清晰的收费方式与盈利模式。第五，由传统的门户网站、IM、社区拓展过来的网站，比如腾讯的 QQ 校友、雅虎的雅虎关系，淘宝的"淘江湖"。第六，一些以兴趣爱好为主题来召集网友的 SNS，比如豆瓣网、蜂巢网等[1]，这几类网站都是以某一种人群为定位群体，以某种活动或者行为为主要方式，都是以文字为主、以图片和视频为辅的社交网站。

几个图片导购网站

目前国内的图片社交网站主要是以图片导购网站为主，如美丽说、蘑菇街、堆糖网等，花瓣网排在第一，堆糖网几乎紧追其后。每一个共享网站的定位都各有侧重，如美丽说，面向都市白领，更看重发现、收藏分享"我的美丽点滴，让改变发生"。蘑菇街则是面向年轻小姑娘（对时尚还不够敏锐，自身搭配能力还不

---

[1] 钟智锦：《社会网络服务与用户社会资本探析》，《当代传播》2011 年第 6 期。

够好），是着力于最大的女性购物社区，发现潮流精品、分享网购
乐趣。

其他图片社交网

还有依托门户网站的图片社交网站，比如淘宝下的淘江湖、
迅雷旗下的迅雷方舟、人人旗下的人人逛街、凡客旗下的凡客达
人等，另外，还有以收藏和相册管理为主的网站，如，又拍网
（每一个人用照片记录自己生活的平台，主打"陪你拍照一辈
子"）、巴巴变（宗旨"中国最好的相册"）、嘀咕（宗旨"图片微
博客"）、我喜欢（宗旨"搜集最喜欢的图片和视频"）、发现啦
（宗旨"图片收集爱好者而设的网站"）、拼图图（宗旨"通过采
集工具，帮助用户将自己喜欢图片组织和收藏起来"）。也有的偏
重于唯美的清新图，如落伍图库、Lovefave 等。

国内的图片社交网站更重视打造集用户购物分享与互动为一
体的平台，实际上很多图片社交网站的商业性较强，大部分形成
了社区化的电子商务。即电子商务的延伸网站，如，蘑菇街是以
淘宝为主的电子商务延伸网站，其主要是集用户购物分享与互动
为一体的平台，它可以直接连接到淘宝网的商品页面。事实上，
这些网站的创始人也称其为电子商务导购网站。

轻博客

新浪轻博客（Qing）介于博客和微博之间。相对于微博它有
如下特点：①可以发表博文、图片、音乐、链接等，无字数限制；
②好友、评论、消息完全同步；③轻博客与微博展现的位置不同，
轻博客的界面更好看；④轻博客"推荐"与"发现"功能强大，
网友推荐越多的轻博客，可以展示在推荐页，发现页中每天滚动
网友们的最新内容；⑤通过文章中的标签，更方便关注感兴趣的
内容。

作为聚合用户网络行为的社交平台，大旗网成为典型代表。
该网"于 2004 年 11 月成立，2006 年 3 月正式更名为'大旗网'，
是一个社会化媒体聚合与营销服务公司，其实现了对分散于 BBS、

Blog、SNS、Video 里网民舆论的全面聚合，成为网民了解网络民意与消费口碑的首选平台，也成为网民热点与消费趋势的风向标。大旗凝聚并影响了当今社会中最有影响力的人群、博主、记者、版主、达人、办公室话题领袖，他们都是社会舆论的主体传播者，通过他们，大旗网站上的热点会迅速扩散到各个平台上，实现了热点全面放大。所以，大旗在中国独创了分散—聚合—放大—扩散的传播模式。它既是 Web 2.0 时代感知大众舆论的窗口，也是网民舆论与主流热点的放大器。带头研究并实践包括 BBS、BLOG、VIDEO、SNS 等社会化媒体平台的营销价值，独立开发了一系列社会化媒体营销口碑服务系统"。① 目前大旗网有大旗图海，主要图片是通过网友分享而形成的论坛。

开心网的"开心集品"

在"2012 易观第三届电子商务年会"上，开心网副总裁郭巍介绍开心网的社会化视觉分享产品"开心集品"，目前并不会直接把导购作为重点，而是更多地强调建设高质量的社会化视觉分享社区。"在平等、好友关系中自发形成的社交圈，隐藏在背后的是用户所向往的生活，以及对生活的态度。对于社交网络现有用户兴趣图谱的价值，亟须从业者深入挖掘。"郭巍表示，"开心集品"则以用户的生活态度与兴趣为核心，重新构建他们之间的社交圈和社交生态。它满足了用户发现、收藏、分享精美图片的一系列需求。为用户之间迅速了解彼此，构建兴趣图谱提供了全新的交互方式。基于开心网真实好友关系的扩散，力图实现关系和兴趣之间的自由切换与融合。"开心集品"建立在兴趣上的社交关系比粉丝与名人建立的"好友"关系显然更平等、更为稳固、值得信任。"保证社区高质量的同时，做到让企业品牌特性适度有效地传播，将会是未来面临的一大挑战。"

---

① 大旗网简介，http://www.daqi.com/news/about.html。

腾讯 Q 拍

其是腾讯官方出品的基于 QQ 好友的照片分享和互动应用，目前开发了 Android 平台，它是集拍照、特效、分享、互动于一体，可以通过一键分享同步到 QQ 空间、微博、朋友网多个平台，真正让你享受随时随刻拍大片，随时随地分享生活的乐趣。因为腾讯具备庞大的在线网友数量，所以其移动互联网的图片社交的互动性较强。

百度美拍

2011 年 4 月百度 CEO 李彦宏称，中国互联网未来主要集中在"中间页""图片"以及"互联网应用"等三大领域。目前搜索引擎的主要载体"是文字……也是以 Text 为主的……但是现在情况发生了变化……由于带宽成本的下降，服务器成本的下降，市场越来越大……现在图片作为内容的一种新的形式，我觉得在未来两三年中很可能会成就一批很不错的公司，这一点我觉得是最近一年来表现的比较明显的"。①

共享图片网站具备图片和互联网应用功能。2013 年初，百度美拍上线。它是基于手机照片、声音分享的移动社交应用。整个应用围绕"自拍 + 语音 + 分享"模式，拍照功能内置了滤镜，并支持为照片加声音，但该产品更加注重"美女"这一属性。"百度美拍"一经发布就进入了苹果 App Store 社交类应用排行榜前 4 名，仅一个月，用户量已突破 300 万，打造了活跃的真实美女自拍照片分享社区。

推图

推图是一款时尚有趣的手机拍照分享应用，用照片和朋友分享生活非常简单。其基本模式为：场景相框 + 经典滤镜 + 文字泡泡 + 拼图功能 + 装饰挂件。作为基于 Android 平台分享照片的网络

---

① 李彦宏：《中国互联网的三大机会》，http://tech.sina.com.cn/i/2011 - 04 - 12/09485394006.shtml。

互动的社交应用，它集实时拍照、滤镜处理、网络分享、地理位置定位以及留言等功能于一体，并且具有强大的照片处理功能：gif 动画制作，用户可以使用手机，瞬间创造个性照片；拥有独有的视觉日记，图记生活点滴；随时随地了解好友动态，发现身边有趣的人和事。其内容可以一键同步到新浪微博、腾讯微博、开心、人人网等社交网络。

图兜

在图兜上，用户可以使用手机轻松拍出艺术化照片，支持一次上传多张照片，便捷地分享给朋友。其具有多种高品质实时滤镜，内容主要以"图片 + 文字"为主，具有同类软件中最省流量的图片处理技术，30M 流量可以发上千张高清照片，在 2G 的网络下也可以畅通使用。图兜可以将用户的照片通过短信、私信给自己的好友，互相交流分享，保证用户的隐私，支持 QQ 号、新浪微博、腾讯微博、人人网、开心网、"w + "等账号直接登录，并支持同步至新浪微博。

乐魔库

乐魔库是一款基于手机照片美化及分享的手机软件，主要功能包括一键美化照片、快速上传下载、同步社区分享等。该应用提供了十余种照片滤镜。

6 共享型新闻图片网建设

新闻图片库不但可以是大型的可售卖的图片库，而且在此基础上还可以发展成知识共享型图片网。这是由当代传播变化以及其发展趋势所决定的。

其一，当代电子信息化时代，受众的注意力极其有限，同时也沉溺于这种信息的阅读之中。抓住第一注意力，并且让受众沉溺于该内容是数字媒体的不二法门。为了吸引受众的注意力，视觉化成为新媒体发展的必备。

其二，电子媒体的发展出现了重大革新性变化。"过去传媒和娱乐界是传统上的'专业者的壁垒'，但如今，专业的知识生产者不得不和业余爱好者共同分享舞台，而这些业余爱好者正在改变他们所涉足的每个领域。"[1] 大规模的业余爱好者通过平台制作大量内容，这些内容在广度、深度等方面都有很大突破，甚至远远高于专业人员，这些内容不断改变现有的新闻生产模式。

其三，商业模式在数字媒体的发展中起至关重要的作用。当代信息传播业受到经济因素的影响越来越大，成功的商业模式以及准确的定位常常是新媒体高速发展的必要条件。

其四，开放是数字化媒体发展的基本趋势。"科技的快速进步是使开放性能够成为一种对管理者产生新激励的关键原因。"[2] 新

---

[1] 〔加〕唐·泰普斯科特、安东尼·D.威廉姆斯：《维基经济学：大规模写作如何改变一切》，何帆译，林季红审校，中国青年出版社，2012，第25页。

[2] 〔加〕唐·泰普斯科特、安东尼·D.威廉姆斯：《维基经济学：大规模写作如何改变一切》，何帆译，林季红审校，中国青年出版社，2012，第33页。

媒体向受众公开其价格、运作方式甚至是商业模式，不仅不担心竞争对手的抄袭，而且鼓励大众参与、评价和建设。新的知识产权经济学发现"电子、生物技术和其他领域的公司越来越多地发现保护知识产权的专利制度往往会削弱他们创造价值的能力"。①

报业集团拥有图片的优势，需要顺应时代的趋势。报业图片库和共享图片库之间可以形成内容的互动，为集团各大媒体使用图片提供便利。共享图片库的建设可以扩大集团图片库的信息采集范围，加快各个分库之间的传递速度，有利于各个部门在最短的时间内获得图片，借以缩短报纸制作流程，实现信息共享，扩大图片的使用率。

6.1　共享型图片网站的定位

共享型图片网并不是创造一个新的模式，或取代原来的图片库，也不是替代传统的共享型网站。它的作用在于创造新的模式，开发还未曾被挖掘的对象。美国传播学者保罗·莱文森提出"补偿性媒介"理论。他认为，新媒介能弥补旧有媒介的不足，使之更加符合人的要求。共享型图片以图片的方式弥补社交型网站对视觉的忽视，以共享型形式弥补图片库的互动性不足、忽略读者的特点。它虽然不是一个网络替代品，但是它的发展，将有可能替代原来的一些功能，促使其升级转化，并开发出适合受众需要的新功能。

图片共享网站是社交的视觉化延伸

麦克卢汉认为"媒介是人的延伸"。由于技术力量不足，传统媒介不够发达，以文字为主的传播方式限制了五官感觉的感受性。随着技术力量不断加强，颠覆性技术的不断出现，技术正在解放

---

① 〔加〕唐·泰普斯科特、安东尼·D. 威廉姆斯：《维基经济学：大规模写作如何改变一切》，何帆译，林季红审校，中国青年出版社，2012，第38页。

人的各种感官，让人从以文字为主的社会中解放出来。一方面，图片解放了人的视觉，将视觉作为人的其他能力的延伸。另一方面，图片共享网站又是数字化的人际传播方式，即社会服务网络（SNS，即以现实社会为基础，模拟或重建现实社会的人际关系网络，力求回归现实中的人际传播）①。共享网站则从视觉角度建立社交方式，其具有人际传播的视觉化方式，又具有数字化的特征。

图片＋共享＋激励机制＋后台严格管理

近两年，在相机行业中，卡片机的销售出现下滑，手机的照相功能使手机逐渐取代了卡片机。通过摄影进行社交已经成为朋友、熟人、陌生人、相关群体之间的主要交往方式。软件技术的不断更新，更是让以前普通人望之却步的摄影以及复杂而专业的后期制作成为可能。例如，iPhone 上推出的 Instagram 软件，"每拍下一张照片（或者从已拍照片中选取），在该照片下会立即排列出各种滤镜功能按键，用户可随意尝试不同的艺术效果——这些影像效果平时都需要专业技术人员通过精细、繁杂的技术手段才可得到。如果都不满意，可以一键恢复到最原始的照片状态。同时，如果触碰照片画面，左下角会显示一个'曲轴镜'选项，用户可利用它将原始的普通照片改变成曲轴镜效果"。② 这两年该软件的功能不断升级，以便充分满足人们对图像美感的追求。Instagram 6.0 版本的一项重大更新是增加了 10 款照片编辑工具，让图片在分享之前就能得到调整，达到更理想的视觉效果。其亮度、对比度、色温、饱和度、晕影等基础调节一应俱全，足以满足一般用户的需求。调节值同样以 100 为标准，你可以在 0 ~ 100 或 −50 ~ 50 的范围内进行自定义调整。不但如此，该软件还拥有和共享型网站的对接功能，允许"用户将图片发布出来，在手机网络上形

---

① Boyd Danah, Ellison Nicole, Social Network Service, "Journal of Computer-Mediated communication," *Definition, History, and cholarship*, vol. 13, 2007, pp. 210 – 230.

② 宋晓刚：《智能手机引发摄影社交热》，《中国摄影报》2011 年 6 月 17 日，第 1 版。

成一个微博式的图片流。这个图片流不单单像'推特图片'
（Twitpic）那样做纯图片式的记录与展示，更可以通过'关注'与
'被关注'形成一个图片社交圈：可以标示出'喜欢'某一张照
片，或者对某一张照片发表自己的看法。用户可以不停地拿出手
机拍下所见所闻"。①

社交类图片网站的模式

共享图片网站主要是以 S2S 为主，即 share to shopping。它在
功能上具备搜索、娱乐、社交、电子商务、购物、分享、地理定
位等智能化服务，在形式上是以图片为主的网站，在用户关系模
式上是以分享为主的社会化服务。在商业模式上通过分享促进销
售，或者形成新的广告模式。

6.2 共享型图片网的内容管理

6.2.1 共享图片网的内容搜集

图片的来源

在共享图片网上，图片的搜集基本上是通过受众直接搜集和
整理的。但是社交网站成立之初，需要意见领袖来动员参与者，
需要有内容来吸引用户。例如，Pinterest 网站开始时的用户基本上
都是设计师、建筑师、手工艺者、家居设计者和其他热衷图片的
人士，这些人能够提供高质量的内容，提供很多原创内容，同时
也能够从其他网站上采集一批图片，这些图片吸引了一大批用户
的关注和加入。Pinterest 内容的来源主要有：个人博客、垂直类网
站、社交网站、用户上传、电商网站以及其他搜索内容。

图片的采集方式

目前共享图片网站主要通过四种方式搜集图片。其一是通过

---

① 宋晓刚：《智能手机引发摄影社交热》，《中国摄影报》2011 年 6 月 17 日，第 1
版。

浏览器搜集，如花瓣网通过浏览器插件直接采集图片内容，将图片内容采集到用户自身的图片墙面上，贴在一起形成重要的图片内容。该插件可以在 Chrome、IE、360、搜狐、火狐等浏览器上直接采集图片。只要在这些浏览器的左上角点击花瓣网的采集图标，就可以直接将网页上的内容过滤，只留下图片内容。每张图片的左上角都有采集的图标，等待用户将这些图片按照自己的喜好采集下来。堆糖网也主要是通过网络浏览器来采集图片。其二，可以通过 URL 地址直接采集图片，或者直接粘贴网址。其三，用户直接上传自己的图片。其四，用户可以新建画板来制作图片，如堆糖网是让用户通过建立图片专辑来制作图片。其五，电商也会将好的图片上传到共享网站上。例如，在美丽说上，有大量的用户都是淘宝卖家。这些卖家将好的图片上传到该网站，为该网站提供了大量图片。这些淘宝卖家通过上传图片，使图片成为主要链接，将用户转移到淘宝商店上去。

聚集大量用户

在图片网站发展之初，共享图片网站遇到的最大的问题是没有足够的用户，有些是用户来了，但很快流失了。共享图片网站的发展是从无到有的一个过程，在这个过程中，首先借助其他平台吸引受众。或者通过做链接，或者做品牌营销等方式，在这个平台上建立高度的品牌效应。然后建立稳固的受众接入模式，从而源源不断地将用户从原有的渠道导入。蘑菇街最初的一批用户是从其 CEO 陈琪的妻子创办的一个女性论坛中引导过来的，之后大部分用户都是从新浪微博和 QQ 空间引导过来。

蘑菇街通过在微博平台插入第三方软件，如星座、运势等小测试，用户测试完成后逐渐转入蘑菇街微博，并且通过微博账号提高关注度。在微博上插入一些小软件，用以提高受众黏性，使蘑菇街在微博上逐渐得到年轻女性的认可。然后通过微博逐渐将这些粉丝转化到蘑菇街自己的网站，使这些粉丝成为网站的固定用户。蘑菇街从第 1 万个用户发展第 100 万个用户，主要是选择了微博营销。通过高质量的微博内容运营和丰富的活动，蘑菇街官方账号的粉丝迅速突破百万，微博成了蘑菇街最大的用户来源。在蘑菇街的首页，使用新浪微博登录被置于最显著的位置。

其次，建立高质量的用户群体，通过这些用户群体带动其他群体。在社交类图片网站同样存在审美的意见领袖，这些人能上传高质量的图片，对时尚、调性和品味具有较高的鉴赏能力。他们往往能引领时尚，引导大量的跟随者。美丽说的创始人徐易容认为，美丽说的"整个社区的用户应该分为三层，最顶层是有观点的意见领袖，大约占5%，主要是靠社区的激励体系吸引他们；第二层是乐于分享的活跃用户，大约占20%，主要是靠产品、功能的层面吸引他们；剩下多数底层用户是围观群众，主要通过网站给他们带来的价值吸引他们"。[①] 美丽说依据意见领袖聚集大量图片资源，吸引乐于分享的第二层用户，再引起大量的围观众，产生巨大的流量。

对视频的管理

共享图片网站以图片为主，但还有大量的视频内容。全球最大的图片社交网站 Pinterest 的视频都是通过浏览器插件、地址栏书签将网站的视频采集到用户的 Pinboard 上。共享图片网站需要与许多视频网站结合，大部分视频类网站都支持该类网站内容的上传。浏览器插件管理能够更加轻松、快捷地将图片采集到自己的画板上，形成视频与图片共同存在的格局。

丰富共享内容的策略

要形成用户黏性则需要丰富内容，需要通过创新推进共享。目前主要的创新策略有：其一，提高受众在图片中的评论功能，实现图片与受众的标记相结合，形成受众对图片的再造过程；其二，提高同类图片的搜集功能，让受众专注于其所喜欢的图片类

---

① 李楠：《美丽说和蘑菇街：一个向左一个向右》，新浪科技，http：//tech. sina. com. cn/i/2012 – 04 – 18/10216976005. shtml。

型；其三，在兴趣爱好上实现用户体验的细分化，风格、内容、观念的细分化，实现图片的有效分众传播。

降低图片使用者的进入门槛

共享图片网站需要使用户从常用的网站将图片导入。尽量使用户从熟悉、常用的网站导入，进而减少用户的导入负担，降低受众的心理成本。用户注册的网站太多，加大了受众对网站注册的难度，造成诸多混乱。所以，需要将受众已有的网络注册资源结合起来，将已有的资源进行优化处理，提高受众对网站的认同。虽然是简单的一两分钟，或者几十秒，但是在用户那里则是天壤之别。华盛顿大学的萨博教授将此称为"心智交易成本"，即消费者的思考成本和心理负担成本。因为过多的账号常常会增加受众进入的时间，将一部分用户挡在门外。电子邮件、微博和即时通信的使用频率极高，如果能够和电子邮件相捆绑，就很容易形成庞大的网络外部效应，提高用户对该网站的依赖性。

通过技术降低受众的操作难度

提高技术在提升用户体验上有重要作用，可以提升技术对用户的分析能力和管理能力。在 Pinterest 网站中，当用户关注某个 Tag、Board 或 Category 时，系统自动默认，并进行关注，从新定义了"follow"这种模式，从而让系统自动将该用户的兴趣联系起来，按照预先设计的用户的感知范式为用户提供相关服务，甚至将用户还没有发现的相关兴趣类别联系起来，为用户开阔了视野，提升了用户体验的品质和空间。

6.2.2　共享图片网的管理

大量新闻图片资源的聚合

当前全民参与的社会实践和传播活动不断增强，从而出现了一种新资源"认知盈余"的情况。这种情况"使我们有权使用这种资源的重要的两个转变已经产生——全球受教育人口累计起来的每年超过一亿万小时的自由时间，以及公共媒介的发明和扩散"。①如果将全民的休闲时间看作一个认知盈余，公共媒介为全民的时间盈余提供了可能，而知识盈余能够为公共媒介的内容建设提供丰富多样的内容。每个人的兴趣不尽相同，根据其类别、特征对盈余时间进行归类，从而将遍布各地的时间和才能抽取出来，形成大量的信息，以期创造价值。使用公共媒介，深入挖掘和探索受众的剩余时间，聚集用户的认知盈余，聚合大量的力量，是新闻图片库面临的首要任务。

在共享新闻图片网站中，需要通过相关人士上传图片，带动其他相关爱好者，形成大容量的图片信息库。图片库初步设计为新闻图片的庞大聚合体。这些图片上传者主要为各种摄影爱好者、图片爱好者。共享图片网站为其提供必要的平台，形成图片爱好者的内容分享平台。

实现内容管理的集合

对于大多数共享型网站，目前主要任务是内容的汇聚。大量的图片内容弥漫在网络中，散落在全球各地的服务器中，搜集它们如同大海捞针，效率低，很难见成效，并且这些图片难以成为有用的内容。所以需要后台大量的人力或者机器的抓取和管理的力量，将所有人们感兴趣的内容聚集到一起，加以管理。在内容管理上，UGC 的方式不但体现在内容上，而且需要拓展到用户管理上，争取将图片的管理分解到所有感兴趣的个体身上。这样一来一方面可以提高用户黏性，提升网站的活跃度；另一方面，这些内容对新用户具有吸引力，节约了用户的使用时间，提升用户的兴趣。例如，Pinterest 网站上的图片都是用户生成，并且由用户管理。用户只需要输入一个关键词，无须辛苦查找，系统会自动提供大量的内容，因为这些内容全球其他用户已经精心准备好了，

---

① 〔美〕杰夫·豪：《众包：群体力量驱动商业未来》，牛文静译，中信出版社，2011，第 31 页。

并且相当精准。

共享图片网也需要对图片内容做深度加工，提升内容的质量，实现优质化的内容服务。例如图片社交网站 Instagram 的软件具备一系列美化功能，具有滤镜功能，将用户提供的照片制作成各种特殊效果的图片，使平淡无奇的照片变得充满艺术感。

图片操作的简易化

网站的管理系统是将网络的各种思路、观点、方法都集中在一起。但是，网络系统需要将大量的工作分解到受众那里，共享图片网要为图片生产者提供尽可能低的进入门槛，尽可能简便的操作方式，审美特质尽可能高的图片。其目的在于，将信息生产的参与者的参与成本降到最低，并尽可能将受众变成作者，鼓励受众上传照片，从而让图片上传者最方便地参与到图片的生产流程中。

在简化操作方式的时候，尽可能地降低受众操作难度。帕克认为，"群体交流的网络的价值与开创一个群体需要的努力成反比"。即，如果参与者建立图片信息栏目的难度加大，那么会大大影响其网络价值；如果读者建立图片栏目的难度减小，那么会迅速提高其网络价值。

目前手机拍照已经成为共享图片网的基本方式，手机拍照更加便捷、上网更加快捷。手机拍照、上传和管理图片已经成为网民最热衷的方式。所以，共享图片网的建设必须抓住手机用户使用手机的特点。共享图片网需要结合手机的功能简化图片操作的程序，提升其操作品质。

实现图片分享的外部效应

借助较大的平台，能够迅速扩大规模。Pinterest 为了扩大用户的数量，鼓励用户通过 Facebook 和 Twitter 来登录网站。Pinterest 借用 Facebook 和 Twitter 的平台，将大型社交网站的用户转移过来。该方式的主要作用在于：其一，可以节约用户的注册时间；其二，提升通过已有的内容提升用户数量；其三，可以快速在社交用户群中扩散，激发大量的用户参与。

鼓励参与者共享，增强参与黏性

共享型网站中用户的参与是其生命力，网站需要建立机制，提升用户参与度，提高用户黏性。可以从以下几个方面着手。

第一，制定游戏参与者机制，鼓励对新闻、社会和娱乐感兴趣的受众参与进来。

第二，在参与机制的制定中，强调参与者的奉献精神和管理精神，尽可能地将工作任务分解到参与者手中，从而将工作分解和转化为具体的活动。

第三，对"僵尸粉"进行有效回应，辨别休眠状态的"僵尸粉"。不定期地激活"僵尸粉"，增加整个共享平台的活性。

第四，图片新闻的内部审查，对大量的图片进行内部审查，但是审查的过程中要保持对这些图片的尺度的宽容度。

第五，知识共享型网络的传播效果最大化，其目的在于通过弱关系的接触机会获得强关系的联系强度。

第六，做好用户分析。共享图片平台是基于兴趣的图片分享空间，在这种空间中，相互联系人之间的关系强度直接决定了图片分享的程度，也决定了网络的黏性，需要对用户做出分析。花瓣网的用户分析情况见图 6-1。

生产和管理的众包

共享图片网站要尽可能地将受众的操作分解成一个个小操作，减轻受众对图片编辑的负担。"共享型资源的动力来自能量和奉献的组合……能够形成一个巨大的信息聚合体，这些内容会远远超过一群小型的专业的和天才的读者……他们能够对信息的反应更加迅速，信息获得更加便宜、方便、灵活。"① 受众的评论和参与能力越来越强，共享网站需要满足并引导这种众包管理。

基于兴趣和需要的网站越来越成为用户关注的对象。例如，

---

① Howe. Jeff, "Crowdsourcing: Why the Power of the Crowd Is Driving the Future of Business," *Human Resource Management International Digest*, Vol. 18.

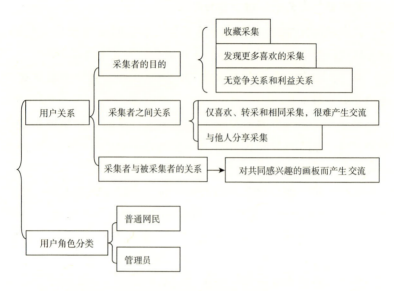

图 6-1 花瓣网的用户分析

国外的一些专业类网站也根据其定位，展开了用户参与、用户管理和用户生产的内容。例如，Innocentive.com 主要着手建立问题解决型网站，大众可以就某一事件、问题提出解决的方案；Yourencore.com 着力于解决科研问题；Threadless.com 网站则着力于 T 恤衫的设计等方案。

在共享型信息平台中，受众的参与已经成为网络黏性、用户使用的基本动力。在图片社交网站中，大量的关系是网络化的人际关系，必须将大量的任务分解给不同的参与者，激励用户实现网络内容生产和管理。例如，花瓣网的用户角色主要有普通网民和管理员两种。

共享图片网站的共享者可以是各种各样的人，不全是专业摄影师，网站将大量的任务众包给各类用户。众包往往能找遍犄角旮旯，用意想不到的方式把平时难以找到的人发掘出来，为本机构服务。例如，"IStockphoto 图片库大约有 5 万名摄影师，几乎都是业余爱好者，他们拍摄照片在网上出售。该公司利用了数字经济时代出现的一种不平衡现象，那就是：让人惊叹的、突破性的照片已经变得随处可见，但是专业图片机构仍然把他们当作稀有资源。IStockphoto 将它的产品众包，售价远低于竞争对手，因此在这一过程中获得了胜利"。①

图片生产的参与人员的多样性，决定了产品的多样性、个性化。同时，图片生产地域的多样性，也决定了内容的多样性，使图片内容尽量满足各个区域的人的需求。共享图片网有一部分是热衷分子，这些人能够为图片网贡献许多自己所拍摄的图片，并且希望能够从图片库中获得声誉、共享快乐，甚至是得到收益。所以必须积极地为这些人提供必需的荣誉、成就感和收益的机会。大部分参与者是偶尔参与者，他们偶尔能为图片库提供相关图片，这样一来会生产支离破碎的内容，甚至是相互矛盾的内容，但能够保证图片网站有较大的流量。这些人是网站的基数，他们生产的内容也是网站内容的长尾。

图片管理也可以实现外包，即后台编辑的众包。社交图片库可以将有编辑经验的用户吸纳到整个后台编辑系统中。在提高网络黏性的同时，增强网站与受众编辑之间的沟通，提供符合受众的编辑平台，完善服务系统。

建立封闭式管理和开放式管理的对接

实现知识共享型图片网、新闻图片网和商业图片功能的对接，并且明确其各自不同的定位。三种图片网站的基本模式设计见表 6-1。

表 6-1　三种图片网站的基本模式设计

类别	功能	商业模式	针对用户	开放程度	层次
知识共享型图片网	搜集图片、观看	微利模式，赚取人气，"免费+广告"模式	普通受众	内容、管理上的开源	前台

① 〔美〕杰夫·豪：《众包：全体力量驱动商业未来》，牛文静译，中信出版社，2011，第6页。

类别	功能	商业模式	针对用户	开放程度	层次
新闻图片网	图片管理	freemium 模式、广告模式	报纸杂志	半封闭、半开放	中间
商业图片网	图片营销	收费模式	广告公司、报纸杂志	全封闭	后台

图片管理系统的设计原则：分类定制、分权限管理

共享图片网站的管理设计必须有一定的层级管理，实现前后台分布，并且实现前后台分阶梯式管理。前台的内容和管理完全开放，满足受众的分享、管理和互动需求。中间层次，与本集团的新闻图片网站实现对接，满足受众的观赏需求。后台实现图片售卖和租赁，并且严格管理内容的流动，实现图片的租赁和销售。

兴趣图谱和社交网络相融合，形成"兴趣＋图片＋交流"的基本模式

当前社交网站发展速度较快，它满足了数字化时代用户足不出户，结交天下朋友的需求。但是社交网络对受众兴趣的重视程度还不够，其内容的理性有余，感性不足。图片不但满足了人们的兴趣要求，具有观看快捷等特点，而且能够成为传统社交网站形成的有效补充。

瀑布流式的页面

目前国内新闻网站的页面长度大部分是 6 屏到 9 屏，用户浏览主要集中在第一屏第二屏，点击率也主要集中在第一屏和第二屏。其主要原因在于：其一，新闻网站的文字连接模式所致，越往后面其各项功能越弱，形成新闻网站头重脚轻的格局；其二，因为新闻网站以文字为主，网友在文字上耗时较长，读者无法浏览整个页面；其三，新闻网站内容大量聚合，感知程度不高，无法长期黏住用户。

Pinterest 页面的展现模式是长长的瀑布链。用户在泛泛地浏览图片页面的时候，可以无限地向下拉鼠标，随着鼠标的下拉，页面最下面一直显示"Fetching pins"，即为正在抓取后面的图片。后面的图片在鼠标下来的过程中，源源不断地展现出来。

6.3　共享型图片网的知识产权

共享型图片库和企业内部图片库的不同之处在于，其产生共享的内容是大众创造的。大众提升了图片库的活性，提高了图片创新的多元性和多样性，提高了图片库和读者之间的互动能力。这种共享方式虽然加快了信息的传播，但是产生了知识产权的价值悖论：

> 当我们提高产品中知识的编码与抽象程度的时候，我们从中取得的效用越大，同时却越会因为竞争力量所推动的技术诀窍扩散而难以确保其稀缺性，从而加快了知识的贬值……对于知识的价值悖论，可行的解决办法不是"堵"而是"疏"，将对知识存量的关注转向如何提高知识的流量。开放式创新由此兴起。开放式创新的理念在于企业只有让其边界更加开放，加快内外知识的流动与交换，使企业内外的创新资源有机结合，才能实现有效且持续的创新，进而确保自身的市场地位与优势。相对于封闭式创新，开放式创新降低了企业创新的成本与风险、加快了创新速度，成为企业提升其竞争力的一个重要途径。[①]

---

① 王雎：《开放式创新下的占有制度：基于知识产权的探讨》，《科研管理》2010年1月。

6.3.1 共享图片网的知识产权原则

共享知识产权更重视开放和创新

在共享型图片网站中，企业内部和外部之间的界限很模糊。知识产权的隔离机制让位于连接机制，"保护－开发"机制让位于"创新－开发"机制，传统的占有式、封闭式管理让位于共享、共赢机制。

知识产权的悖论造成了图片价值的贬值，只有通过刺激、提高图片的传播速度，提高图片的变化，才能让图片分享获得更大的机遇。共享网站不是封闭式管理的利己主义原则，而是基于"自利的利他主义"的原则。企业需要不断地与外部创新合作，通过不断吸纳来自各个不同地方的参与者，达到参与者与企业之间的共赢。这样的企业避免陷入"保护近视症"的陷阱，即企业为了保护自身的利益，并企图从中获利，却忽视了对各方面的创新机制和创新人才的吸引，以至于失去了企业自身的创新机遇。例如，Linux 作为一个开源系统，虽然并不获得收益，但是为大型的计算机公司提供了巨大的机会，让它们获得了创新零成本的优势和便捷迅速的用户服务，大大提高了企业的获利机会。

维基经济学原理与传统知识产权的对接

维基经济学"是一门新的科学和艺术，它以四种新法则为基础：开放、对等、共享以及全球化运作。这些新的规则正在取代一些旧的商业教条"。[①] 维基经济学的主要原则强调了通过开放的方式为用户提供内容，达到内容的共享，这种共享能够为用户提供最多样的内容和渠道。并不是所有的内容都需要共享，有一部分需要保护知识产权，所以共享需要和传统知识产权相结合。图片库需要使开放性搜集模式搜集起来的图片，形成自身的内容资

---

① 〔加〕唐·泰普斯科特、安东尼·D.威廉姆斯：《维基经济学：大规模写作如何改变一切》，何帆译，林季红审校，中国青年出版社，2012，第32~33页。

源，获得商业价值。

传统图片库可以通过法律手段来保护内容，对盗用图片的媒体和传媒机构进行起诉。这种是一种"一对多"的模式，即一家媒体面对众多用户。盗用内容资源的是一家媒体或是数家媒体，图片库针对这一家或者数家媒体进行起诉。社交网站是"多对多"模式，社交网站的特点在于，数以亿计的用户都会登录社交网站，对图片进行复制、转发、分享，另外数以亿计的用户也会参与共享。在这种情况下通过法律手段打官司简直是天方夜谭。

共享网站的图片内容难以获得产权保护

媒体对社交图片的使用常常被认定为对公共空间图像的使用，所以社交图片也难以获得知识产权的保护。2008 年，美国一家报纸因使用几名学生上传到 Facebook 的照片被起诉，但法官认为将照片贴在 Facebook 这样的社交网站上，如同将照片贴在公共厕所，不受知识产权法保护。社交网站均在服务条款中明确指出，有权发布用户上传到网站上的作品。这样就形成了社交网站对图片的合法占有和合法分享。

但是共享图片网站要另当别论，图片的知识产权保护不但是为了收益，而且是为了传播。以前横亘在图片和受众之间的出版社和媒体，现在消失了。摄影作品直接面对各种各样的网络读者，而不是客户。社交网站有自己的独特魅力，对于大多数摄影师来说是一种难以回避的诱惑，因为它会让摄影师在转瞬之间产生难以估量的粉丝数、分享量和转引量。摄影师通过努力提高自己作品的曝光率来实现自己的梦想、价值和意义。

6.3.2 知识产权的模式

共享型知识产权

当代国际知识产权的发展，经历了知识产权的混乱、知识产权的建立和颠覆性变化的过程。传统知识产权具有排他性。它要求其他公司在使用自有内容的时候，必须要对权利拥有者付费，并且排斥其他人的非正常使用。

当代知识产权发展成为"生产者社区利用'通用公共授权'来保证每一个用户都可以分享和修正这些创造性工作。通过开放这些修正和分配的权利，就会有更多的人能自由地接触到新的研究信息并相互合作"。① 所以知识产权的发展必须与大规模协作的个体相适应，对个体完全开放，建立庞大的信息聚合体。

共享性图片网站和媒体之间的知识产权摩擦

媒体有清晰的知识产权界定，但是共享型网站、社交网站中的图片知识产权界定就不那么清晰了。当媒体引用这些共享型照片时，便出现了知识产权的摩擦。

> 2010年1月12日，尼尔·摩尔（Daniel Morel）把13张海地地震的照片上传到推特。利桑德罗·苏尔诺（Lisandro Suero）把照片下载下来，并把它们转贴到自己的网页上。很快，法新社、纽约时报、今日美国、卫报等媒体刊发了这些照片，他们刊发时的署名却是利桑德罗·苏尔诺（Lisandro Suero）。摩尔及其律师给法新社及其新闻图片订阅户发函澄清，他才是图片的真实作者，要求这些媒体删除照片，或者更正作者署名。
>
> 法新社以"不正当行使权利"（antagonistic assertion of rights）为由，于3月26日在纽约南区地方法院起诉摩尔，他们认为，摩尔将照片张贴在网站上等同于将照片知识产权公开化，法新社发布这些图片是合法的。摩尔则针对这一指控，反诉法新社，同时连带盖帝图片社、美国广播公司（ABC）、哥伦比亚广播公司（CBS）和拥有美国有线新闻网（CNN）

---

① 〔加〕唐·泰普斯科特、安东尼·D. 威廉姆斯：《维基经济学：大规模写作如何改变一切》，何帆译，林季红审校，中国青年出版社，2012，第80页。

的特纳广播公司，指控法新社和盖帝图片社盗用其照片、侵害其权利，造成其经济上的损失。

法庭上，摩尔及其律师认为，法新社盗用了原本属于摩尔的照片，同时错误地将照片给了错误的人，即盗用摩尔照片的人，法新社的行为属于侵权。

法新社认为，凡是将图片张贴在推特这样的社交网站上的行为，表示行为人已明确地知道图片会无偿提供给第三方使用、复制、发表、展示和传播，意即，在社交网站上张贴出来的照片不存在知识产权问题。

一年后，法庭开庭审理此案，最终判报社获胜。为什么？法官的理由是：Facebook 网上的"公示墙"是一个公众场所，将照片贴在那里，和贴在公共卫生间一样，人人可见、可看、可用。①

在美国纽约南区地方法院的又一次审理过程中，法官威廉·H.保雷做出了有利于摩尔的裁定。保雷认为，法新社和其他公司无法出示可以使用摩尔图片的授权书，在未经照片原作者授权的情况下发布图片属擅自使用。这一裁决为摩尔继续起诉法新社、盖帝图片社、哥伦比亚广播公司和特纳广播公司侵犯版权扫清了障碍。此外，保雷对摩尔诉法新社等机构违反《数字千年版权法》的控诉表示支持。这一判决虽然并不意味着摩尔会最终胜诉，但其允许摩尔搜集证据以继续起诉法新社和其他公司，并给了摩尔与法新社和解谈判的砝码。

这桩案件的最终判决将成为一个先例，即重新定义张贴在社交网站上的图片知识产权归属。不论最终判决是否认定这些图片的知识产权，此案都将成为从今往后类似案件的判

① 宋晓刚：《社交网站照片版权的是与非——从丹尼尔·摩尔海地地震图片被侵权说起》，《中国摄影报》2010 年 12 月 31 日。

决参照。①

知识产权的共享

传统的著作权有"保留所有权利"和"不保留任何权利"两种类型。这两种类型中,前者过分强调知识产权,限制了作品传播;而后者要求作品在公共领域完全公开,容易侵犯知识产权。知识共享(即 Creative Common,是由美国斯坦福大学法律系教授劳伦斯·赖斯格提出的,台湾译作创意 CC)则是处于两者中间的灰色地带。创作者一方面可以保留自己的知识产权,另一方面可与大众分享作品,授予其他人再传播的权利。这种共享形式一方面避免了与现代知识产权的冲突,另一方面摆脱了信息共享方面的困境。

6.3.3 共享图片网的知识产权保护方法

对出售图片的保护

共享型网站需要做到知识产权保护的封闭型与开放性两个方面。一方面,针对媒体时强调知识产权的保护,这种保护的封闭性较强。在社交网站采集其他网络、杂志、报纸和其他出版物对本网站图片的使用信息的过程中,强调知识产权保护。对在站内和站外转载的图片实行追踪。通过在站内寻找这种图片最初是由什么人来上传的、是如何上传的、用户对售卖图片的利益诉求如何,解决图片的来源问题,为图片对外销售提供可能。

另一方面,在共享网站内部放松知识产权的保护。由于共享型图片网站的图片大多是转载、粘贴过来的,共享用户的知识产权意识不是很强。他们追求的是共享图片,以及对自己兴趣、价值观的肯定和激励。如果过分限制其知识产权,就会造成分享动

---

① 关尔:《海地地震图片侵权案有新进展》,《中国摄影报》2011 年 1 月 11 日,第 1 版。

力不足。所以，必须搁置知识产权的问题，同时启动共享型图片
的知识产权的免责制度。

照片分享应用网站 Instagram 从 2013 年 1 月 16 日开始，享有
售卖用户照片的永久权利，不必支付报酬也不用事先告知。这项
重大的政策转变迅速在用户间引发争议。因为 Instagram 属于
Facebook 旗下公司，Facebook 可以向其他公司或者组织授权所有
Instagram 的照片，用作商业目的。Instagram 为之新增了两个补充
说明。其一，之前使用的"限制性授权"等用语，替换为"转让"
和"次级授权"等字样，使 Facebook 有权向任何组织授权用户的
照片。其二，允许 Facebook 收取照片授权费用，"企业或其他组织
使用您的照片用于各种推广业务时，需要向我们付费，但您不会
获得任何补偿"。①

建立过错责任原则，承担适当责任

世界各国普遍对网络服务提供者采用过错责任原则，明文规
定了相应的免责条款。网络服务可以承担责任，但不会无条件地
承担间接侵权责任。

美国《千禧年数字版权法》提出了"避风港"原则。该条共有
三项免责条件，适用最多的一项是：网络服务提供者客观上不知道
侵权行为的发生，或在知道侵权行为发生后立即删除了侵权内容。
我国《信息网络传播权保护条例》（2013 年 1 月 30 日修订）第二十
二条对网络服务提供商做出免责规定："网络服务提供者为服务对象
提供信息存储空间，供服务对象通过信息网络向公众提供作品、表
演、录音录像制品，并具备下列条件的，不承担赔偿责任：（一）
明确标示该信息存储空间是为服务对象所提供，并公开网络服务
提供者的名称、联系人、网络地址；（二）未改变服务对象所提供
的作品、表演、录音录像制品；（三）不知道也没有合理的理由应

---

① 《你的照片我来卖！Instagram 不会给你一分钱》，腾讯科技，http://tech.
qq.com/a/20121218/000170.htm。

当知道服务对象提供的作品、表演、录音录像制品侵权。"

共享型图片网站必须在共享和知识产权之间划定一个相对清晰的界限，即红旗标注法。"当网络服务提供者意识到了从中能够明显发现侵权行为的'红旗'之后，如果不采取措施，就会丧失享受责任限制的资格。'红旗标准'同时具有主观和客观因素。在判断网络服务提供者是否意识到了'红旗'时，应当判断网络服务提供者是否意识到了相关的事实和情况。但在判断相关事实或情况是否构成'红旗'，换言之，即侵权行为是否对一个在相同或类似情况下的理性人已然明显时，应当采用客观标准。"① 即当根据相关的证据能够相对明确地标出哪些图片属于盗版的时候，必须对该图片处以相应的措施。一味地采取"鸵鸟策略"，只会带来更大的损害。

共享型图片网站需要提供免责原则机制

共享型图片网站为了在最大限度上免责，必须有清晰的提示。可以参照的方法有，"一是在用户注册'使用协议'，以及在用户上传视频时，突出显示防止侵权的提示语言。例如，Youtube上有'请勿上传任何影视、音乐等未经许可的视频，除非它们完全是由你自己创制'的警示。二是发现用户上传侵权视频时，应对其提出警告，若用户仍继续上传侵权视频，将应采取更为严厉的应对措施，如锁定侵权用户信息、冻结账户、取消注册新账户的资格等，若用户通过改变注册信息的方式获得新账户并继续上传侵权视频，则超出了视频网站经营者作为'合理人'的防范义务。三是实行前台匿名、后台半匿名甚至是实名的注册管理制度，这样就可以锁定侵权用户的真实身份，并对其上传视频的权限进行有效限制。四是对不同用户实行分类注册管理。例如，通过技术手段甄别大批量上传长视频的用户，并以'完善真实身份信息'作为其上传长视频的条件，以防范可能出现的侵权行为并有利于追

---

① 王迁：《超越"红旗标准"——评首例互联网电视著作权侵权案》，中国知识产权研究网，2012年2月29日。

究侵权责任"。[①]

通过技术手段提升内容审查能力

Youtube 开发了后台数据库，并利用"Audible Magic 数字指纹识别系统"自动发现和删除侵权视频，并对侵权的视频进行删除。2011 年 3 月 7 日，优酷网也宣布应用视频"基因"识别技术，进一步提高了对侵权视频的搜集能力。

在图片行业，Tineye 软件能够相对精确地搜索相关的图片，进而确定该图片是否侵权。例如，该软件能够做到，当用户拿到一张分辨率很低的图片时，该软件可以用它来寻找较高分辨率的版本，甚至可以通过该图片找到其出处。当用户只有图片的一部分或图片被添加了水印或者注释的时候，可以用这种软件寻找原版图片。

---

① 王光文：《论视频网站 UGC 经营者的版权侵权注意义务》，《国际新闻界》2012年 3 月。

7 共享图片网的管理模式创新

在共享型图片网站中，参与图片制作的群体的基数非常大。参与者数量越多，图片网站中每个参与者的成本越会不断被摊薄，管理成本会不断被降低，每个参与者创造的价值会越低。里德定律称，"随着联网人数的增长，旨在创建群体网络的价值呈指数级增加"。庞大的基数能够为图片信息库提供更多的素材，能保证相当数量规模的观看率，一方面提高流量，另一方面可以尽可能地使用这些图片，构成信息共享库的网络外部效应。

7.1 共享型图片网的传播机制

7.1.1 社群关系与网络关系的组合

格兰诺维特（Granovetter）用"强关系""弱关系"来分析人际关系，并用"关系强度"来阐述个体、组织之间的联系程度。他认为，关系强度是一种人与人、组织与组织出于交流和接触而形成的纽带联系。如果互动次数多、感情较深、关系密切程度高、互惠程度高，就为强关系，反之为弱关系。强关系之间的联系较密切，但是随之带来的缺点是信息的重复率高，相对容易形成封闭性、信息和内容僵化的问题。弱关系的优点在于能够接触更多的内容和信息，相互之间的信息具有异质性。Rogers 认为，异质性网络更容易携带具有创新意义的信息，弱关系容易形成较大的知识链规模，与外部环境建立更多的接触点。

现实的关系纽带比理论分析更加多元，汪和建将现实的关系纽带

分为强关系、次强关系、次弱关系和弱关系几种。作为中间性的次强
关系和次弱关系，具备特殊优势，这两者最适用于作为个体实现其
物质利益或商业活动的工具。次强关系和次弱关系都分别具有情
感性和工具性双重特征。次强关系更适合进行一体化交易，如合
伙建立一体化的企业组织，次弱关系更适合进行个人或组织间的
嵌入性市场交易。① 次强关系人群之间的交易使具有社群之间的信
任，可以使人们在信息和情感交流上降低交易成本，增强交易的
成功概率，提高获益概率，降低信息之间的同质性。在次弱关系
人群中，信息交易具有弱关系的多样连接，能够充分利用资源，
但不易陷入"人情困境"，能够获得更高的自由度，获取更多的信
息和知识。

在网络中也存在着联系紧密的强关系，以及联系松散的弱关
系。作为社群的强关系（整合）与社群的弱关系（链合），与网络
强关系、网络弱关系之间形成了多种交叉组合，见表 7 – 1。

表 7 – 1　社群关系与网络关系的组合

	网络强关系	网络弱关系
社群强关系	关系半径最短，社群与网络关系重叠，关系链最粗，资源的使用概率较高	关系数量的最大化，关系半径长度加大，并能有效开发资源
	信息和资源的有限性、集中性	信息源泉的开放性
	生活封闭，群体对个体有较强的限制，个体自由度最低	关系联系具有多样性、多元性、个体自由度大
社群弱关系	资源最少，不会开发资源	获取较少资源，联系最大，但资源开发难度大
	获取信息难度最大	获取最大量的信息
	个体自由度较低	个体自由度最高

① 汪和建：《人际关系与制度的建构：以〈金翼〉为例证》，社会学研讨会，
2002。

社群关系的强弱与网络关系的强弱形成了四种组合，且各具特色。

"社群强关系＋网络强关系"。这种模式在社群和网络之间不具备互补作用。社群强关系的链条较短，也比较粗，网络强关系的链条也比较粗，链条长度短。网络社群的强关系和社群强关系的重叠，形成两种形式的强关系重叠。这种重叠能够加大关系的强度，能够最大限度地发展强关系。但缺点在于关系的封闭性，且链接较短。例如，linkdin 社交网站即是如此。

"社群强关系＋网络弱关系"。在这种模式中，社群的关系链较短，联系较多，范围较小，能够起到稳定作用；网络弱关系具备较长的关系链，关系链较细也比较多，能够为社群强关系提供较多的信息和情感支持，有助于化解社群强关系的封闭性。两者在关系链条的长短上具有互补优势，在链条的粗细上也能互补。

"社群弱关系＋网络强关系"。在这种模式中，社群弱关系的关系链条较多，具有较多的外部联系，但是关系链条比较细，而网络强关系的关系链条较短，链接较少。这种组合能够维系社群的长关系链，网络强关系链对社群关系链的强度并没有提供补充，即线上长度并不能弥补其缺陷。同时线上的关系强度对社群弱关系没有明显的补充。

"社群弱关系＋网络弱关系"。在这种组合中，社群的关系链较长，信息较多，网络关系链较多也比较长，但是关系链的强度没有得到加强。这种组合增加了信息的链条的种类和长度。

7.1.2 社群关系和网络关系的优势组合

在共享型图片网站中，最具有优势的互补组合为"社群强关系＋网络弱关系"和"社群弱关系＋网络强关系"这两种，这两种模式能够实现线上和线下的最佳组合。共享图片网站需在这两种模式的基础上发展。

首先，这两种结合都能够为个体带来更多的信息资源。网络的在线性质决定了它是天然的弱关系，在这个弱关系群体中，个体的外界联系途径较多，所接触的信息和资源最多，个体的自由度最大。这些资源都是虚拟的，只有将这些资源和现实对接才能使资源获得最大限度的开发。

在"社群强关系＋网络弱关系"中，网络弱关系的优势能够吸收社群强关系的特征，将这两者的优点发挥出来，实现更大的社会关系网络和强度。共享图片网站如果能够将现实中相互认识的群体集结起来，并为之在网络上提供更多的信息、兴趣等，就可以巩固社群关系，提升社群关系的强度和活跃性。例如，当当网不断为用户发送"买过此书的人还看过"，"买过此书的人还买过"的推荐信息，扩大网友的信息空间。作为社交网站，需要确定社群强关系，并且为社群强关系中个体提供与其相似的人群的动态、照片等，以激发其参与更广阔的社交活动。例如，腾讯微博的"QQ好友推荐"，能为用户找到网络中的线下朋友。但是其缺点在于未能为线下朋友提供互补的、联系不紧密的相关信息。

在"社群弱关系＋网络强关系"模式中，共享型网站需要将线下有联系的群体结合起来，并且在网络上为其提供具有共同特征的群体。这两种群体的结合将大大拓展其交往的空间和时间，提升网络交流的意义。例如，腾讯微博不断为用户推送"推荐收听"，以期待用户能够从推荐中获得网络强关系。它能将具有相同思想、感情和爱好的人整合起来，以获得相同的习性类型和不同种类的资源。

其次，线下线上与强弱关系的结合提供给参与者更多的结构洞。结构洞理论认为，一个富含结构洞的社会关系网络在获取信息、时机、推荐等方面具备优势，并且能有效控制环境和有效传播信息，这种关系网络可以给参与者带来更多的收益和关系回报。结构洞越多，参与者的关系优势就越大，获取较大经济回报的概率就越高。[①] 在网络社会中，这种结构洞很难体现为获得实际的时机或者是直接控制现实的能力。网络社会的结构洞表现为能够获得最有效的信息、最需要的情感支持和信息沟通。参与者的结构洞越丰富，其获得的信息和资源越便捷和直接，其竞争优势越明显，越能够提高参与者的竞争力。共享图片网中，个体的联系范围最广，最能够使参与者获得各种结构洞。人们根据习性的相近性、联系的紧密程度形成某一个向度的关系强度不等的层级。共享图片网站需要为相同兴趣的用户提供需要，将类型相近的图片集中在一起，增强图片联系的紧密程度，提升用户获得新图片、新趣味和新时尚的机会。

其次，线上线下与强弱关系的组合，可以形成多个层次的结构洞。用户并不仅仅具有一种兴趣和爱好，用户的性格往往是多元的。所以需要满足不同类型用户的需求和兴趣。关系链条需要构建起不同向度、不同关系强度的结构洞层级，这些层级大大扩展了网络社交的规模和数量。不同的结构洞形成复合交叉关系。在结构洞密集的地方，既有短关系链也有长关系链，形成复杂交错的关系链群体。由于共享图片网站的建设中具有许多线下活动、线下组织，这些线下组织逐渐形成社群关系，构建起社群的强关系和弱关系群体。这些线下组织经过线上关系的强化，形成了更多的关系组合，构建起交叉立体型的多层次结构洞。

7.1.3 共享型图片网站的病毒式传播

共享图片网站需要借助于病毒传播的特点，推进共享传播的能力。

制作传播种子

共享型图片网站首先必须生产"病毒"的种子，通过制造创新性强、有感染力的种子，打造吸引受众参与的内容，成就大众关注的焦点，并成为大众所乐意接受的对象。种子要对所有人有

---

① Burt Ponald S, *Structural Holes the Social structural of Competition. Cambridge MA*, (Harvard University Press, 1992).

益，能够给他们提供智慧、思想、资讯、情感、娱乐等，成为令用户震惊、感叹和爱不释手甚至是欲罢不能的观赏对象。共享图片网需要不断制造新的话题，且成为各种用户都喜欢的内容。

不断刺激"病毒"变种

病毒具有变种和再传播的能力，"为了防止'病毒'在流动中陷于'自我催眠'状态，必须赋予'病毒'本身'自我激活'的功能。此外，网络产品有独特的生命周期，'病毒'信息的传播也有一定的周期。在病毒式营销的实施过程中，还要考虑到用户喜新厌旧的心理。市场对新事物的接受进程不同，在'病毒'导入初期，真正的'低免疫力'人群其实很少，'病毒'的扩散是个逐步递增的过程，随着'病毒'的散播，'病毒'的感染者才开始大面积地显现。在'病毒'扩散的过程中，还要不断对'病毒'内容进行改进，以增强'病毒'的抗免疫能力，延长'病毒'的感染周期"。①

消解受众对"病毒"的自我免疫能力

病毒式传播的过程中，种子也面临受众的消解，传播力不断降低。病毒式传播需要降低这种免疫能力。可以从以下几个方面降低受众对传播的免疫力。第一，不断制造"病毒种子"，形成新的时尚和趣味。第二，打时间差，在受众还没有形成免疫力之前，早早布局，更新"病毒"，提高其传播能力，尽可能地让受众了解新的传播内容。第三，打解构牌，挖掘受众的特征，通过对受众的"审美疲劳"的了解，消解受众的"审美疲劳"，制造新的"病毒种子"，或者改变种子的传播方向，制作变异的"病毒种子"，以便激活受众。第四，发动意见领袖，引导粉丝团体，促进"病毒"在受众之间的传播。信息的病毒式传播需要在熟人之间进行。"病毒"常常是通过人际传播获得新的传播渠道，每一个接受者都是一个新的媒体，可以将"病毒"传给下一个接受者。个体

---

① 张强：《病毒式网络传播特点及一般规律》，《当代传播》2012 年第 2 期。

能够根据自己所接受到的信息内容，选择相关群体，并将内容作为有用、有趣和必需的产品传递给对方，使相关群体之间达到某种认同。第五，激发信息和需求。传播的内容要对受众有用，首先要能为特定的受众提供其必需的信息产品，并且将这些信息定位为该类受众的必要信息。另外，可以通过线下活动对特定的参与者、意见领袖提供物质奖励，对他们进行必要的物质上的刺激。

兴趣图谱和社交图谱相结合

共享图片网站需要借鉴并结合兴趣图谱和社交图谱的优势。"'社交图谱'是基于个人的社交范围故而圈子有限；'兴趣图谱'则基于共同的兴趣爱好，无须彼此认识，因而大大扩展了社交的深度与广度。兴趣图谱一般有以下几个特点：①单向关注，而非双向互为好友；②组织围绕于所分享的兴趣爱好，而非个人真实社会关系；③默认公开，而非默认为隐私；④共同奋斗，过去的你或者现在的你都不重要，重要的是将来的你。"① 共享型图片网站以图片为工具，更倾向于以兴趣展开网络社交，并且这种兴趣大大超出了自己的社交范围。以兴趣为核心，能够跨越现实的界限，在网络中找到最需要和最关键的内容。一方面可以组建大规模的人际网络，另一方面，这些兴趣构建起一个个相关的垂直社区，可以开发其价值。

在兴趣图谱中，寻找共同爱好的人更加容易，寻找相同的信息也更加容易，分享经验、寻找产品和服务更为便利。由兴趣图谱所组建的联系也更容易使有共同爱好的人形成一个共同的交往圈子。

社交网主要依赖网络强关系组织起来，它虽然具有封闭性，但是其封闭性与社群强关系不相同。即它的强关系范围很大，能够在很大程度上扩展网络的社交层次。例如，LinkedIn 作为一个专

---

① 《兴趣图谱将改变社交网络及未来的商业》，http://www.199it.com/archives/24788.html。

业人士的社交网站，非常强调对方的身份必须是跟你打交道的人，交友请求都是来自用户直接和间接的同事。这种模式侧重于从网络层面上构建强关系，将社群强关系和网络强关系重合在一起，形成优势叠加。其优点在于能够深度开发社群强关系，能够从网络维度提供社群强关系所需却并不具备的联系。但是缺点在于，网络关系比较封闭，联系范围的扩展较缓慢。近年来，LinkedIn 为了扩大其网络社交的强关系，调整了自己的策略，用户会收到没有共事过的、未来有可能共事或对其职业有促进作用的人的请求，并组成人际关系网。LinkedIn 的这种调整是针对社群弱关系来组建网络强关系，以及通过网络强关系来扩展其关系范围。这些群体与用户本身有相近、相同的信息，或未来有相似信息结构的对象。关系强度的网站模式见表 7-2。

表 7-2　关系强度的网站模式

社群强关系 + 网络强关系	LinkedIn，Path	专业类社交网站
社群强关系 + 网络弱关系	Facebook	线上和线下关系的互补
社群弱关系 + 网络强关系	Pinterest	线上线下社交方式的强强联合

共享型图片网站的结构框架

共享型图片网站是基于用户兴趣的网站。共享型图片网站需要通过强大且多样的功能性模块，通过这些模块能够最大限度地满足用户的需求并实现其功能。例如，堆糖网的结构分为收集、内容操作、专辑操作、发现、小组管理、分享、寻找糖友、搜索和通知这几个部分。花瓣网的结构框架包括以下几大功能：采集、采集操作、画版操作、搜索、查找好友等（见图 7-1）。这些框架都可以通过功能模块简化为便捷化的数字操作。

昵图网一方面通过用户上传、下载和库存管理的方式积累图片，另一方面通过社区共享的方式，开发图片的价值，最终由共享创造新的价值。

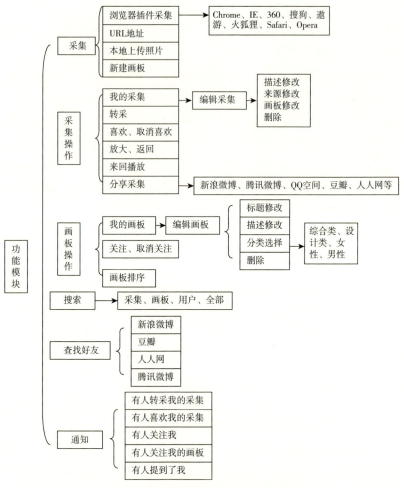

图 7 - 1 花瓣网的结构框架和功能模块①

7.2 共享型图片网站的危机管理

共享型图片网站属于群体交流的社区，每天都会有不同的人提出各种意见，有正面、负面、中立的……共享网站必须应对每

---

① 陈超：《花瓣网与堆糖网产品分析报告》，内部资料。

天来自四面八方的投诉和差评。一项差评很容易在短期内以多样的方式在网络中引起围观、转载和评论，瞬间便会对该网站造成毁灭性打击。

　　共享型图片网站需要做好危机管理，以应对随时都有可能爆发的危机事件。共享型网站是基于兴趣的社交网站，危机不仅仅表现为突发事件，而且体现为品牌价值的衰落，体现为民众兴趣的降低和习惯的转变。所以社交图片网需要保护媒体的品牌，防患于未然，积极应对随时可能出现的品牌危机。

7.2.1　共享型网图片网站的危机管理机制

　　网络生活千变万化，网络必须要警惕潜在的危机，做好应对各种危机的准备。

建立共享型图片网站的危机管理系统

　　共享型图片网站的用户数量、粉丝变化、点击变化、流量变化等是网站活跃度的体现。网站需要通过这些因素来确定共享网站的运营状况。共享型网站具备线上人际传播方式，在这种方式中网络危机传播很快，并呈现破坏式的"病毒"传播。所以面对危机必须分秒必争，建立早期监测系统。另外，还需要建立一套危机处理指导原则，对危机进行评估，确定危机的等级。

做好危机传播管理的预案

　　共享型网站需要从多个方面做好预案：其一，在危机刚开始的时候，需要系统出示点击率、活跃度等相关数据，对危机提出警示；其二，危机发生的时候，需要通过数据挖掘探测引发危机的各种因素，查找出这些因素的关联性；其三，当危机达到顶峰的时候，对网站的图片进行话题管理，并对用户做出引导，但是要谨慎删帖，因为在开放性网站中，删帖是对用户的漠视和不尊重，可能导致用户黏性的下降；其四，在危机过后，网络看起来平静，但危机管理并没有结束，恢复品牌、重建信任是网络危机管理的关键。危机管理后需要监测社交网络活动的最新变化，并跟进用户的最新动态，对其进行话题和内容的长期管理，修复危机给网站造成的创伤。

7.2.2 危机管理的常态化

建立网站故障的应对措施

社交网站在运行中可能会遇到各种各样的故障，如流量过大、服务器不响应、系统不稳定，甚至系统无法运行等问题。用户花在社交网站上的时间是碎片化的，他们的注意力贫乏，忍耐力有限，兴趣一旦受到打击，很难再被激起。所以网络的稳定性、安全性非常重要。另外，需要提高网络的最大负荷能力，以便应对突发事件。"在 Twitter 备受容量问题困扰的时候，Plurk 根本不存在这样的问题，因为它的受众群体小得多。在短时间内，Plurk 得益于 Twitter 的失败鲸（网站拥堵或者发生故障），因为社区成员发现 Twitter 用不了，就转到 Plurk 上来了。"[①] 网站的系统不稳定给其他网站制造了机会，将用户赶到其他相类似的网站中。

保持共享型图片网站的创新

内容的创新是社交图片网的源泉，有较强创新能力的网站能够获得更多的机会，形成较高的受众黏性。图片网需要根据当前受众的喜好、信息需求的倾向、热点等展开营销。网站需要保持在议程设置、话题引导、软件设计、操作简捷性、服务质量等方面不断创新，使网站产生强有力的吸附能力。社交网站在发展的过程中，网站发起的活动最为关键，必须实时推出受众感兴趣的活动。这种活动必须推陈出新，具有足够的创新能力和吸引力，避免受众审美疲劳，同时还要提高受众的参与程度。

做好媒介的品牌营销

用户之所以喜欢类 Pinterest 这样的社交图片网站，主要是

---

① 〔美〕Liana Li Evans：《社会化媒体营销技巧与策略》，王正林等译，电子工业出版社，2012，第 121 页。

Pinterest 能将原来线下裁剪图片的行为转化为线上行为，使用户为感兴趣的内容欣喜若狂。网络能够便捷、有效地实现用户的兴趣。"强行推销"在用户兴趣面前根本行不通。网络应该拿出各具特色的产品和内容，如此才能引起用户的兴趣，为社交网的用户建立起沟通和联系的桥梁。

做好社交图片网的视觉营销

社交图片网站以图像内容为主，需要做好视觉营销，提升对受众的吸引能力。视觉营销是集技术、艺术和管理为一体的视觉图片推广模式。视觉营销的重要原则为 VM 原理（Visual Merchandising），即首先针对用户建立一个视觉集中点，即聚焦点，引导用户观看。这个焦点通常是色彩鲜明、形状独特、轮廓清晰、具有整体性和容易理解的形象，视觉营销需要营造这些视觉景观甚至是奇观来吸引受众的注意力。其次，在第一视觉点的引导下，指引受众继续观看。再次，不断展示新图片，保持用户对对象的持续关注。

及时修正上传有误的内容

在上传的过程中必将出现一些错误、模糊、有误导性、偏颇甚至是恶意篡改的内容。对于这些内容需及时做出处理：①图片内容依赖参与者的后续修改，甚至是持续修改；②需要让更多的参与者对图片进行评判和批评，如"刘羚羊事件"和"张飞鸽事件"造假的问题，正是网友点评戳穿的；③有些模糊难辨的则需要相关专家的判定；④需要后台编辑的裁定，必要的时候封闭某些恶意参与者的账号以及限制这些人进入网站；⑤必要的时候必须应对"编辑战"的冲击。例如，维基百科作为一个开放的系统生产出高质量、中立的百科内容，但不同的用户贡献内容的时候，会针对某一内容或者某些方面持不同的观点。当此类情况发生时，维基百科会建议编者通过讨论达成共识，而不是固执己见，更不是明知会招致反对仍然采纳挑衅性的编辑内容，同时会反复修改已经遭到反对的观点。维基百科为了应对"编辑战"，提出了"回退不过三"的原则，即，一位编辑者对于一个维基百科的页面，在 24 小时内，不可以执行多于三次的回退。

7.2.3 以用户为主的危机管理

构建网络社会信任关系

社会群体生产出复杂的人际关系，这些关系被积累起来，形成强大的社会资本。社会资本是社会成员之间的信任、规范和网络，它们可以通过促进合作提高社会效率。"社会资本即是任何大型群体中使用成员之间相互支持的那些行为和准则的积蓄。"[①] 这些积累起来的社会关系群存在于共享型网站中。社会资本分为结合型社会资本（bonding capital）和桥接型社会资本（bridging capital）两种。"结合型资本是一个相对同质的群体内部与信任的加深；桥接型资本则是相对异质的群体之间联系的增多。"[②]

结合型资本是具有共同兴趣、爱好和习惯的细分受众群，这些群体能够就同一话题，或同一类现象展开谈论。社交网络的建立是重现线下人际传播关系，甚至是改善线下人际传播关系。社交图片网的重要特点在于信任关系，构建网民精神生活的家园。社会信任是社会资本的关键因素，细分群体有赖于社会信任。群体成员能在圈内展开内部信息的聚合和交流。在这个细分市场中，依靠兴趣和信息的集中性，自由组成一个信息集中度高的群体。

对社交用户进行分类管理

社交网络是一个多元的文化氛围，需要对这些用户采用多元的管理方式。在社交用户中，有一些是社交网络的"挑衅者"，这些人常常提出一些不合理的要求，他们投诉、控告和抱怨所有的人、所有的事情，并且其愿望是难以满足的，他们不间断地提出一些匪夷所思的要求。他们常常很少有粉丝，不断地与其他成员

---

① 〔美〕舍基：《未来是湿的——无组织的组织力量》，胡泳、沈漫琳译，中国人民大学出版社，2009，第138页。

② 〔美〕舍基：《未来是湿的——无组织的组织力量》，胡泳、沈漫琳译，中国人民大学出版社，2009，第138页。

发生争吵。对于这些用户，"最佳的方式就是以一种专业的方式承认他们的不愉快经历，并且为他们遇到的任何不方便表示歉意。最好不要进一步与这类人接触"。[①] 这些人的要求是无法满足的，对这些人不断妥协和满足他们的要求，只会造成其他成员的不满。有一些用户则是"气愤型"的用户，他们通常会以一种礼貌的方式与人沟通，并且是活跃用户，积极参与社区的建设，和其他社区成员有较为顺畅的沟通，但是，在遇到某种特殊事情的时候，他们会变得愤怒。所以，对于这类用户的投诉要积极应对，满足他们的合理要求。

保持对退出用户的敏感性

共享型网站的特点是公平、开放、合作与创新，其所依赖的是参与者的兴趣、爱和奉献。网络黏性由于没有制度性捆绑，在很大程度上依赖受众的习惯，比较脆弱。需要对共享型网络用户的兴趣做出必要的应对，尤其是在大规模的网民退出或者对网站提出反叛性意见的时候，要进行危机管理干预。

做好社交图片网站用户背叛的预案，在网络转型升级的过程中尤其重要。事实证明，当一个模式发展到一个阶段，志愿参与者不再积极上传自己的信息，并且对此产生新的对抗，他们会改变自己原来的参与初衷。"美国在线的发展定位于数字网络世界的入口并提供友好的用户体验。它所提供的友好体验有许多直接来自它的用户，因为这些人太喜欢这项服务，他们愿意为美国在线做义务向导。然而，当美国在线的股票冲到最高点，许多向导联合起来提出集体诉讼，声称美国在线不公平地从他们的工作中获利了。"[②] 共享型网站的内容资源的来源是网友的贡献，但一旦将这些共享型的内容转化为商业价值，则会导致网友对共享平台的

---

① 〔美〕Liana Li Evans：《社会化媒体营销技巧与策略》，王正林等译，电子工业出版社，2012，第53页。

② 〔美〕舍基：《未来是湿的》，胡泳、沈满琳译，中国人民大学出版社，2009，第85页。

运营产生怀疑，甚至产生对立情绪。在战略转型中会出现转折点，共享型网站需要把握恰当的时间点，并且提前做好应对管理。

在社交图片网中，有核心用户也有非核心用户。网络要留住核心用户，并通过核心用户带动非核心用户，形成强联系的社交网络。另外，通过机器语言，对放弃社交网络的用户进行再次说服，使其对该网络保持持续而强烈的关注。

7.3　共享型网站的文化模式

传统的信息库由专业人士建设、管理和运营，信息库提供专家信息和专业信息，并对专业信息进行归类，定期维护。其视角是经济的视角，即通过提供信息可以获得什么样的传播效果、获得多大的功用、产生多大的社会和经济效益。这种视角对专业数据库的建设无疑是至关重要的。但是当代共享信息库更强调信息库的分享、交流和沟通的效果。

7.3.1　从封闭到开放的图片管理

共享型网站不同于传统的图片库和图片网，它更加开放，它的管理运营也需要适应开放式创新的特点。

共享型网站的开放式创新

在开放式创新模式中，内容的生产不必依赖企业内部工来做。内部员工主要的任务是组织、管理、协调外部成员的劳动成果，并实现价值的开发。例如，"通过互联网平台，宝洁与世界各地的问题求解专家建立了联系。通过像 Innocentives 那样的平台，宝洁把一些自己研究上的难题提交给了全球各地的宝洁以外的科学家，同时宣布若开发出解决方案即可以获得现金奖励"。[①] 在共

---

① 〔瑞士〕亚历山大·奥斯特瓦德、伊夫·皮尼厄：《商业模式新生代》，王帅等译，机械工业出版社，2012，第102页。

享型图片网站中，不但图片的来源、编辑和加工是网友生产的，而且图片的点击、评价和阅读也是网友自发实现的。在研发、创意上，企业外部员工所占的比例最高，他们的参与能实现较高的价值，并能够有针对性地提出图片管理工作中的漏洞。对创意成果的管理并不是一味地限制其产权和使用范围，而是通过共享、围观和谈论实现其价值的方式。共享型网站借助于开放式管理，能够实现图片数量的最大化，图片管理的最优化，图片研究工作的分散化，借以和其他企业共同开发图片价值。开放式创新模式与封闭式创新模式的区别见表 7 - 3。

表 7 - 3　开放式创新与封闭式创新的区别
（根据 Chesbrough 的创新理论）

项目	封闭式	开放式创新
人力资源来源	让处于本领域的人才为企业工作	企业要与企业内部和外部的人才一起工作
是否自我研发	为了从研发中获益，企业必须自己来调研、开发和销售	外部的研发可以创造巨大的价值，内部的研发需要成为这种价值中的一部分
研发的基础	如果企业掌控了行业内绝大多数最好的研究，企业就会赢	企业不必从头开始研究，坐享其成即可
对创意的积累	如果企业创造了业内大多数创意，就会赢	如果企业能最好地利用内部和外部的创意，就会赢
对创意的管理	企业需要控制自己的创新过程，避免竞争对手从自己的创意中获益	企业应该从其他组织使用自己的创意中获益，只要其他组织的知识产权可以扩大企业的利益，就应该购买过来

从专业转向非专业的管理模式

社会学家詹姆斯·威尔逊指出："专业人士是这样一种人，他们从参照群体获得重要的职业回报，这个群体只接纳有限成员，每个人都必须接受过正式的专业教育，并且接受这个群体对于正确行动所定义的守则。"① 这些专业人士具有该方面的垄断性资质，这些资质是通过教育、培训、管理、限制和激励等手段培养起来的。他们的能力是必须经过严格的训练，以及资质的认证，并且有最高的评价标准作为其能力证明的导向。例如普利策奖、荷赛奖等。但这些专业内容逐渐变为非专业人士的参与阵地，逐渐形成"大规模业余化"的庞大组织。

大规模业余化组织的兴起，并非"在旧的生态系统里引入了新的竞争者，而是创造了一个新的生态系统"②。在这种新的生态系统中，专业人士逐渐隐退，非专业人士成为庞大的群体，他们作为中流砥柱支撑着整个系统。新闻业也在逐渐发生改变，其发展经历了从新闻专业主义转向内容产业管理理论，从自主生产转向非捆绑式经营，从外包模式转向众包模式。从这个过程中，可以发现"新闻的定义发生了改变：它从一种机构特权转变为一个信息传播生态系统的一部分，各种正式的组织、非正式的集体和众多个人都杂处在这个生态系统当中"。③

非专业人士形成许多志同道合的群体。在每一个群体中，他们具有相类似的知识背景、关注点以及目标定位，很容易替代专业人士。这些非专业人士紧紧联系在一起，他们在网络中形成了网络人际传播关系，相互之间的组合形成了强大的影响力。共享图片库需要顺势而为，借助非专业人士的群体，让他们参与管理，提高其管理能力。

---

① 〔美〕舍基：《未来是湿的——无组织的组织力量》，胡泳、沈满琳译，中国人民大学出版社，2009，第37页。
② 〔美〕舍基：《未来是湿的——无组织的组织力量》，胡泳、沈满琳译，中国人民大学出版社，2009，第38页。
③ 〔美〕舍基：《未来是湿的——无组织的组织力量》，胡泳、沈满琳译，中国人民大学出版社，2009，第42页。

建立多边平台模式

在共享型网站中，参与内容建设的人员诸多，他们构成了"多边平台"。主要包括各种艺术工作者、新闻记者和各种共享人员等，还包括各种商业机构，他们试图从该类网站中获得自己所需要的图片、资料，另外还有普通用户，他们通过观赏获得意义和价值。"多边平台将两个或者更多有明显区别但又互相依赖的客户群体集合在一起。只有相关客户群体同时存在的时候，这样的平台才具有价值。多边平台通过促进各方客户群体之间的互动来创造价值。"① 在这种平台中，用户被分为两个或多个相互提供知识、资源和相互支持的群体，他们之间有较强的互补性。在这个平台中，提供内容和互补资源的人数越多，其相互之间产生的价值就越大，形成较强的 "网络外部性"。所以在多边平台上，首先，构建相互依赖和互补的群体成为关键因素；其次，每个群体中最有吸引力的用户成为网络平台最核心的要素。

7.3.2　共享型图片网的文化特征

建立知识共享的曝光文化

若没有一个积极鼓励及奖励分享的文化，知识共享便不容易发生。共享型知识系统的建设主要是依赖于参与者的主动性，他们的分享是基于 "曝光文化" 的驱动。曝光文化更加重视用户在参与中获得兴趣、荣誉以及认同感。所以，首先要激发参与者对曝光文化的认同，激发参与者对生活点点滴滴的展示的兴趣。

强化互动模式，形成积极的对话。在社会化媒体中，社区成员常常会分享他们对媒体内容的评价，他们不仅分享好的体验，而且分享所有的体验，分享才驱使他们去对话，从而让进一步交

---

① 〔瑞士〕亚历山大·奥斯特瓦德、伊夫·皮尼厄：《商业模式新生代》，王帅等译，机械工业出版社，2012，第67页。

流成为可能。积极倾听会员的声音，并对其做出适当解释、评论和参与其交流是增加微博和微信互动的最佳方案。积极开展互动有助于社区成员对自己的认可，对社区的认可，从而激发受众黏性。但是，不能控制他们的言论，如果"试图控制这些对话，只会招来社区成员的厌恶，这是任何公司都不愿意看到的"。① 在共享网站中，引导、沟通和理解是关键因素。

激发群体中对他人的关心和爱护，从而培养关爱的种子。在共享型网站中，我们发现，维基百科能够将所有人对知识、文明和思想的传播作为自己的最终动员力量。"现在我们能够和陌生人互惠互利，相关代价如此之低，使这类行为更具吸引力，而他们的影响将超过彼此最初贡献的范畴。新的社会性工具正在使爱变成可更新的建筑材料。"② 所以，一方面要激发用户的关爱，构建相互关心的空间，另一方面也要聚合这些用户的力量，促进关爱共同体的形成，增强社交群体的黏合度。

共性型网站实现的是充裕文化

在以数字化为基本方式的共享图片网络中，安德森认为，充裕思维具有十种典型的原理：第一，如果是数字产品，免费是必然的趋势；第二，实物产品厂商希望自己的产品是免费的，但他们在这方面表现得并不积极；第三，你无法阻止免费；第四，你能够从免费中赚钱；第五，重新界定你的市场；第六，四舍五入；第七，迟早你要与免费进行竞争；第八，接受浪费行为；第九，免费使其他商品变得更贵；第十，管理丰裕而非匮乏。

在共享型图片库中，所遵循的是充裕思维，而不是匮乏思维。这两种模式形成了明显区别，见表7－4。

---

① 〔美〕Liana Li Evans：《社会化媒体营销技巧与策略》，王正林等译，电子工业出版社，2012，第53页。

② 〔美〕舍基：《未来是湿的——无组织的组织力量》，胡泳、沈满琳译，中国人民大学出版社，2009，第89页。

表 7 - 4　匮乏思维和充裕思维的区别①

项目	匮乏	充裕
规则	非获批准，一切都被禁止	非被禁止，一切都获批准
社会模式	家长作风（我知道什么是最好的）	平等主义（你知道什么是最好的）
利润方式	商业模式	我们会把它计算出来
决策过程	自上而下	自下而上
管理风格	命令和控制	不受控制

　　网络空间中，随着内容量的增加，服务器和宽带成本向零无限趋近。在该共享空间中，并不是禁止某种事件的发生，禁止用户上传，而是不断刺激用户对内容管理的积极性，刺激其参与性，禁止用户的行为则成为不可能。在该空间中，用户之间是平等的关系。在重大报道、行动和管理上，由用户主导，即将用户的议程转变为共享网站的议程。将共享网站中的活动做成自下而上的活动，而不是自上而下的活动。

---

① 〔美〕克里斯·安德森：《免费：商业的未来》，蒋旭峰、冯斌、璩静译，中信出版社，2009，第233页。

8　共享型图片网站的价值链

共享型网站在兴趣社交和信息定制个性化上有不可替代的优势，由此产生了多种功能。这些功能的产业化固化成为其价值链。共享性图片网站能更加有效地针对用户，抓住用户的眼球。它有较强的感性诉求，能有效地调动用户积极性，并以感性吸引来组织起强大的用户团体。

8.1　社会价值

构建文化软实力

文化产业是国家发展战略的重要指标，也是国家安全的一个重要指标。国民认同已经成为现代国家发展的基本要素，文化产业关乎整个种族认同、国家认同，它显示一个国家的软实力，表现为一个国家的吸引力和凝聚力。当代人的生活不断转向网络化，网络已经成为人们的基本生活方式。社交网络的兴起，更是吸引了用户的眼球。新型媒体已经成为时代发展的潮流。社交图片网站的建设，可以有效地转移线下社会交往，成为重要的线上社交渠道。新时期，国家文化软实力正在转向线上文化的打造和传播。

释放现代快节奏型的社会压力

现代社会突飞猛进的发展造成了文化的祛魅，产生了人的生存危机。马克斯·韦伯认为现代社会形成一个"铁笼"，人们都被关进理性和规则的铁笼中，享受不到任何自我的感觉。现代性的崛起发展出两种领域，即"私人"领域和"公共"领域，这种过度区分，把人的工作价值从生活中抽出，给人们造成价值缺乏感，使人们的生活失去追求，导致人生意义的失落。原本在一起的经济和文化领域现在分开了，并且向两个相互对立的方向发展。① 这种分化造成了价值和意义的失落，重新寻找人的价值和意义显得更为重要。传媒产业往往负担着这种责任和义务，需要给生活赋魅。传媒产业作为软经济可以赋予生活意义。"现在所需的是针对工作中的问题，发展出人生的意义、价值、动机。解决的方法是开展软经济，而不是一味地冒险式地向前突进。"② 用户在网上的浏览和购物成为发泄其快节奏时代压力的途径之一，网友需要设置一个目标，转移社会压力，并且以此种方式引领大多数人关注这种目标，将现代社会的压力疏导到某一活动中去。在蘑菇街和美丽说中，用户对当季流行元素的了解、追逐和欣赏就成为一种生活方式。

实现社会的信息管理和兴趣管理

当代社会转入信息社会，人们对信息产品的需求将会越来越大，这为传媒产业的发展提供了巨大的机会。随着恩格尔系数的下降，人们在文化上的消费日益增多。当代社会已经从传统的封闭式管理转变为开放式管理，网民对信息、兴趣和时尚的关注成为受众管理的一大因素。新鲜、有趣和开放的文化管理有助于实现社会进步与和谐。共享图片网站最大的功能在于能够建设当代网络文化，为社会群体建立起社会认同。在社交网络中，用户可以找到与自己志趣相投的朋友。该类型网站能凝聚人的兴趣和趣味，在着力开发兴趣的同时，形成大型的网络社区，用趣味组建团体，充分并有效地引导社会发展。

---

① Paul Heelas, "Work Ethics, Soft Capitalism and The' Turn to Life', from Culture Economy Cultural Analysis And Commercial life," Paul Du Gay and Michael Pryke, eds. *SAGE Publications*, p. 84.

② Paul Heelas, "Work Ethics, Soft Capitalism and The' Turn to Life', from Culture Economy Cultural Analysis And Commercial life," Paul Du Gay and Michael Pryke, eds. *SAGE Publications*, p. 86.

形成大众社会热点

社交网站具有大量的用户，他们对当前事物的敏感聚合了大量的社会能量和资源，并且有效地构建起当前的热点话题，形成当代文化。许多热门的话题纷纷在社交平台上出现，并且快速登上热门排行榜前几位。这些事件不但是社会热点，而且是网络热点，在舆论和话题上有助于实现对社会的引导。

和受众沟通，构建良好的品牌形象

社交渠道一方面可以宣传和构建组织的网络形象；另一方面可以和受众形成互动；再一方面可以通过社交形式搜集受众对组织的建议，并通过对这些建议选择性的实施，在受众心目中建立起品牌形象。

星巴克在 2008 年成立互动网上社区 My Star Bucks Idea. com，鼓励消费者通过这个网站给星巴克提建议。"星巴克切实重视网民的反馈，2013 年 3 月 My Starbucks Idea 五周年时，星巴克共收到了 15 万条意见和建议，其中有 277 条建议被星巴克实施。品途网认为，星巴克通过网上社区（Online）鼓励消费者提出建议，并在线下门店（Offline）做出相应调整，这使星巴克重新回到了快速发展的轨道。"① 凭借良好的线下品牌声誉和线上妥善的运营方式，星巴克成为各大社交网络上最受网民喜欢的餐饮品牌之一。

8.2 经济价值

好的共享图片网站不但要引领社会潮流，实现社会价值，而且要实现盈利。网络的价值在于其功能，网站功能强大自然就会产生其商业盈利方式。Facebook 的图片分享内容较多，因此产生了许多功能，产生了自身的价值链，可以作为共享性图片网站的

---

① 《咖啡巨头星巴克的 O2O 实践及启示》，http：//www. 199it. com/archives/106400. html。

参考。作为全球发展最快、内容最庞大的社交网络，Facebook 的
运营主要体现在以下几个方面，见表 8 - 1。

表 8 - 1 Facebook 平台化思路运营多元业务①

业务类型	主要客户	运营形式	价值目标
社交服务	用户	基本应用：涂鸦、分享、状态、礼物、组群等功能 特色应用：Like、Facebook 视频、活动、市场功能；海量 APP、Open Graph 和 Timeline、影音媒体平台	以用户为核心
营销服务	广告商	传统广告、精准广告，搜索广告、互动广告、社会化电子商务 未来：人口统计学定位	广告
App 服务	第三方用户	开放 API 吸引第三方研发，主要涉及商务、游戏、娱乐和生活等领域，用户黏度高	外包与合作
移动互联网服务	用户	针对 iphone、Android、WebOS 和其他平台推出应用 移动终端产品，独立开发了 Messenger、Camera，开发 Places 功能，实现定位服务，与手机商合作开发定制社交手机。收购 Instagram，但其移动应用不尽如人意	移动终端
虚拟交易	用户	用 Facebook credits 实现用户支付系统	金融技术、虚拟货币
用户研究	数据公司、调查公司	通过精准定位系统、计算受众特征、产生用户的详细数据 构建数据仓库，为用户和网络开发商提供存储和获取个人信息的简易渠道	数据营销
营销的延伸	小型企业	产品推广、在线销售	社会资本

---

① 引自周锦《Facebook——网络社交大佬的兴起》，《媒介》2011 年 12 月。

通过表 8-1 可以看出，Facebook 作为社交平台，在社交服务、营销业务、APP 服务、移动互联网服务、虚拟交易、用户研究以及营销延伸等方面产生自己的价值系统。Pinterest "目前主要通过三种方式盈利。①广告合作。这是最常规的盈利模式，即通过帮助商家投放广告来获取收入。②通过与企业合作，向用户进行个性化商品的定向推送。企业入驻 Pinterest，Pinterest 根据用户行为分析，定向向用户推送相关商品。③与电商网站合作，获取佣金。这也就是大家常说的社会化电子商务。通过用户分享的方式，刺激用户购买，然后获得电商佣金。这也是目前大家比较认同的方式"。① 目前，共享图片网站的主要商业模式有：广告、游戏、佣金、团购和合作等。

8.2.1 广告

Facebook 的广告是当下其最大的收入来源。2011 年，Facebook 的广告营收为 31.54 亿美元，2014 年增加到了 114 亿美元，在社交网络总广告支出市场上所占份额为 75%。2015 年 Facebook 以 162.9 亿美元的广告收入占据了整个市场总收入的 64.8%，相比于上一年增长了 41.8%。2016 年 Facebook 第二季度广告营收的同比增长为 63%，达到 62.4 亿美元。2016 年该公司移动广告营收已占公司总广告营收的 84% 左右，高于 2015 年同期的 76%。"广告 + 游戏"模式已经成为 Facebook 的核心广告运营模式，即在广告开发的过程中，实现寻找广告主和用户结合的点，破除用户和广告主之间的壁垒，从而将用户和广告商结合起来，确定战略思路。

共享型网站的重要盈利点也在广告。共享型网站具有媒体的功能。例如，美丽说主要以品牌打造为主，更加重视各种消费品的品牌建设，其未来的盈利模式以品牌广告为主。

打造品牌广告

共享型网站本身是一个打造品牌的平台，它常常通过较小的

---

① 何玺：《Pinterest：制造造视觉购买力》，《商界·评论》2012 年 7 月。

代价，塑造品牌，获得巨大的品牌效应。例如，Kotext 在 Pinterest 上找到 50 名意见领袖，研究每一个人的贴图特点。Kotex 按照他们的贴图特点，分析其兴趣爱好，把他们喜欢的东西做成实际商品，放在一个个的礼物盒里。这些意见领袖只要转载礼物盒里的图片，就可获得礼物。意见领袖通过 Pinterest 贴图去散播口碑。这次营销活动，Kotex 只送出了 50 个礼物，就得到了 2284 次互动，共有 69 万次的页面访问量，这种访问大大提高了 Kotext 的品牌价值。

开发热门话题广告

共享网站中网友的兴趣变化很快，有些话题会迅速攀升为热门话题。这些热门话题吸引了诸多的用户，造成较高的浏览量。Twitter 的营销人员发现"热门话题"是一块大蛋糕。2013 年，一个 Twitter 热门话题里的广告位，需每天支付 20 万美元（如果每天都有，相当于一季度 1.1 亿人民币）。

精准广告

精准广告是 Facebook 中最重要的收入来源点。Facebook 的精准广告依靠 CPC（每点击成本）来计费。"2011 年，搜索类广告的 CPC（广告主为广告每次被点击所支付的单价）均值为 0.85 美元，Facebook 只需要 0.23 美元。这意味着精准广告对于用户来讲，其投资回报率更高。"[①] 随着大数据技术的广泛应用，广告的精准性越来越强，与广告主的匹配能力越来越强。随着匹配的精准性的提高，广告的商业模式也将不断更新。

8.2.2　游戏

Facebook 的收入中有很大一部分是游戏收入，目前许多游戏已经严重依赖 Facebook。例如，游戏公司 Zynga 有大量的收入来自 Facebook。反过来，大量的用户刺激了源源不断的新生应用的出现，这使 Facebook 上的游戏对用户产生巨大的黏性。

---

① 《Facebook"金山"盈利模式趋向多元》，《互联网周刊》2012 年 5 月 31 日。

汽车品牌 Peugeot 利用 Pinterest 推出了拼图的活动，激励用户去他们官方主页与 Facebook 企业页面上寻找碎片的图片，然后在 Pinterest 完成拼图。最先完成拼图的五个人可以获得奖品。这种游戏互动不但能宣传汽车的品牌，而且能激励用户参与，提高用户黏性，这对于图片网站来讲，增加了页面的访问量，提升了流量。

8.2.3 增值服务

共享图片网站有大量的用户，用户无偿使用网络资源。但有一部分用户在获得无偿使用的内容之后，希望获得更多的服务，这部分内容则需要收费，此时 Freemium 模式（免费 + 付费）便成为最佳选择。例如，图片共享网站 Flicker 的用户上传照片的数量如果超过一定的数量，则需要购买"高级"账户，并享受无限的存储空间。

佣金收入

佣金收入即淘宝客模式。一些个人或者组织，通过互联网帮助淘宝卖家推广商品，并按照成交效果获得佣金。目前蘑菇街和美丽说的主要盈利点都是淘宝客，通过推广淘宝的内容，收取佣金。蘑菇街的创始人陈琪认为，"蘑菇街的主要盈利来源是每一笔交易的佣金收入，美丽说则主要做品牌广告"。蘑菇街的盈利模式表现为以下几个方面。

（1）佣金收入模式 cps。每件商品通过链接交易成功后，网站会得到一定比例的佣金。用户可以在蘑菇街晒自己新买的商品，跟其他用户交流购买心得。如果其他用户喜欢，生成了新的购买记录，蘑菇街就可以获得佣金。

（2）合作收益。同企业或者 B2C 商家合作，获得市场推广收益。例如"磨利社"的商家试用服务。

（3）精准广告。先建立一个社会化平台，把喜好相似的人组织起来，根据群体的行为和决策，对商品进行排序、分类和陈列，帮助用户迅速发现其心里想要的东西，长期下来形成一定的用户规模和黏性，获得精准的广告投放。

（4）团购收益。团购可以提供有吸引力的商品/服务、超级优惠的折扣，吸引用户购买，并通过奖励推广用户的方式带来规模效应。

蘑菇街的盈利模式表现为：淘宝客分成＋巨大流量＋人气＋品牌推广＋一系列电子商务＝把淘宝客打造成为一个品牌。[①]

淘宝客主要通过流量的方式来提升自身的平台价值，并且用发外链的模式获得更多的内容流量。因为以百度为主的搜索引擎公司始终控制着网络流量，只有原创的内容才能获得引擎公司的引用。例如，美丽说和蘑菇街为淘宝等电商带来了巨大的流量，电商也因此收益大增，共享型图片网站也赚取了相当大的一部分佣金。蘑菇街主要以盈利为目的对淘宝内容进行推广，其收入来源于淘宝分成。蘑菇街的 CEO 陈琪曾表示：导向淘宝的转化率是8%～10%，远高于 4% 左右的网络广告转化率平均值。

美丽说模式。美丽说网站由于自身的因素已经形成了自己的发展模式：女性（最肥的用户）＋导购（离钱最近）＋分享（最好的经验）＋淘宝（最肥的市场）＋微博（最火的应用）＝美丽说模式。

"根据 Facebook 新推出的广告计划，其商业运作模式是：广告客户创建自己的品牌网页，定制内容并通过 Facebook 的平台推广，吸引 Facebook 的用户注册成为其品牌的'粉丝'，提供相关的插件，及时推广其新产品并在其粉丝的社交圈中进行评论和推广。"[②]

"为了提升竞争力，一些社交电商开始拓展新的空间，美丽说和蘑菇街已将商品从线上扩展到线下，除了增加 B2C 平台合作之外，还展开与品牌商的合作。上游通过兴趣图片分享形成精准化的女性购物社区，下游直接链接淘宝，再通过淘宝交易，形成一

---

① 邵文杰：《蘑菇街盈利模式分析》，http：//www.seowhy.com/u/semcool/8164.html。

② 陈柳同：《传统媒体与社交网络服务的融合》，《新闻世界》2011 年第 12 期。

个完整的商务闭环。"①

合作模式

共享型网站主要竞争力在于能够提供图片的视觉交往，从而形成社区。也有企业不断将共享型图片网站向价值链的后端延伸，同企业、电子商务公司合作，举办活动，获得市场推广收益。在合作中共担风险，共同创造价值，按照一定的比例获得收益。

图片社交网站之所以能够与其他商务公司进行合作，主要原因在于其有庞大的用户数据，并且有些网站具备开发庞大的客户数据的能力。共享图片网站的最大的功能是聚合人气，有了大量的浏览量，便能够聚合大量有用的数据。这些数据是以用户为中心的，对用户的价值的开发成为社交网站的核心竞争力。例如，Opera 公司是较早进行大数据研发和开发的公司，它不但生产，而且购买用户的行为信息，通过掌握消费者的行为信息，为客户的咨询提供业务决策，如帮助金融、医疗等行业设计新产品、制定营销方案。通过对问题的建模、定量分析、信息提纯、提出见解和思路，给客户提供建议和咨询服务，从而为客户带来利润。另外，Opera Solutions 不仅提出解决问题的建议，还帮助客户提供定制化一站式的解决方案。共享图片网站具有天然的聚合用户信息开发的能力，导致其能够在后台对网站的所有浏览者的信息进行汇总、存储和提纯，并且获得大量的有用信息，进而为电子网提供信息资讯服务，或者提供解决问题的方案。

另外，共享图片网站开发大数据的价值，能够向价值链的下游延伸，参与到网商的具体经营活动中，并且从中获得利益分成。

8.2.4 团购模式

网友自发的团购模式

自发的团购模式是共享型网站通过收取佣金和管理来完成团

---

① 王江：《一淘网推类 Pinterest 购物社区 社交电商扎堆陷同质化竞争》，《通信信息报》2012 年 3 月 21 日，第 B12 版。

购活动的模式。例如，蘑菇街在其网站内发起了"蘑菇自由团"的活动。蘑菇街创始人之一李研珠认为，该活动"不同于传统团购，是由用户自发推动卖家形成的。现在我们也在做一些接口上的调整，这种团购的方式，在2012年4月的时候，真正成团产生5单以上购买，成团数量超过1万个，这些都是卖家不需要花钱，由买家主动推动的团……用户如果说自己喜欢某个东西，我们就会给她一个按钮叫'求团购'。这样做的意思是说，该用户可以约一群人一块买，这样买大家都会获得便宜，购买意愿没那么强烈，她可能点了一下求团购，所有求团购里一定有一两个人非常想买，非常想买的人会跟卖家谈，我们这么多人想买能不能便宜，卖家一定想做好这个生意，给一点点折扣。这些人会收到通知，因为自己喜欢这个东西，所以打折的时候有人一起买这些就会买，这群人马上产生这种购买。这种用户驱动的行为，在现实生活中是存在的，所有营销方法和运营方法，现实生活中存在，搬到网上会成功的，不认为有任何问题……其实已经有越来越多的卖家知道有这样的消息，就会主动在这盯着，等人求团购，抱着守株待兔的心态发现这样的情况时他会主动设置……在我们这里面，没有团长的概念，都是网友自发的"。①

团购常常是提供相对便捷的服务、优惠、折扣、有吸引力的商品，通过网络社交中的人际传播方式相互转告，自动推送等方式获得用户关注，实现聚集大量用户购买，带来规模效应。蘑菇街中的活跃用户往往在页面上贴上"求团购"的标示，引导其他用户集体购买。对于大力推广该团购的用户则通过奖励的手段予以鼓励，这实际上是将营销推广的环节分解到每个用户手中，提高商品推广的渗透率。

反向团购

社交媒体中的团购是一种反向团购。它不同于传统的团购，

---

① 李研珠：《移动端流量占10%　将推垂直应用》，新浪科技，http：//tech. sina. com. cn/i/2012－05－10/18157090893. shtml。

传统团购是由商家发起，再由网民参与购买，当在规定时间内购买人数达到一定数量时，则交易成功。在反向团购中，用户选择自己喜欢的产品，自己通过社交网进行沟通，发动对该商品感兴趣的朋友，让他们参与进来。在共享网站平台上聚合大量的用户群，设定愿意购买的价格，最后团购平台再与商家议价，在网站发起团购。这种团购形式，使用户获得批发商的价格。从此用户和网商之间的一对一的关系，转变成多对一的关系，改变了用户的弱势地位，使之享受到以大批发商的价格买单件商品的利益。

另外，社交团购网站也会让用户通过团购结盟，让众多商家对团购产品进行竞拍，在更大程度上提升了用户的地位。在这种团购中，社交网购平台会通过自动化模块让团购和商家对接。当团购用户达到一定程度时，"系统会通知所有卖这个产品的卖家，让他们来参与竞价，在竞价的过程中，每个商家都不知道其他商家出多少钱。最后会有若干个商家胜出，消费者可以从这几家中任意选一家购买"。在这种商家竞拍活动中，卖家设置团购的价格和时间，由团购成员集体决议选择哪个卖家。

8.3 图片价值链的五力竞争空间

波特认为，任何企业都存在于竞争空间中，在这个空间中，企业受其所在的行业市场竞争强度的影响。竞争强度取决于市场上的五种基本力量：上游供应商、下游购买者、潜在进入者、替代的其他企业以及销售者之间的竞争。五种力量的联合强度，影响了企业最终盈利潜力。了解企业所面临的五种竞争力量情况，可以采取相应的竞争性行动，削弱五种竞争力量的影响，增强自身的竞争实力与地位。

上游的内容供应

共享图片网的内容大部分来自用户的上传，这些内容是用户基于兴趣和需求进行上传和转发的。满足用户的需求一直是共享网站发展的必要条件。签约摄影师、记者和各种设计师是共享图片库除普通用户之外的重要来源。他们为图片库提供最具吸引力、美感最强的图片。他们居于网络图片库的上游，但是这些图片供应人员的议价能力弱，图片库甚至不需要支付任何报酬。

共享图片网最大的压力在于一方面要给用户提供必需的空间，形成对图片的高度黏性。另一方面，这些活跃用户也容易被其他图片网站邀请，造成用户资源的流失。保持活跃用户的活跃度，吸引新用户的加入是共享图片网站的必修课。

共享型图片网作为渠道，可以为用户提供内容发布和阅读对象，但是也面临其他竞争者的渠道升级，导致共享图片网降级。高一级别的渠道商通过渠道升级，俘获报业图片库或者共享性图片网，使图片网站和图片库仅仅成为其供货商。例如，腾讯在自己的门户网站上为许多报业集团设置了图片栏目，将各种报纸的图片内容作为它们的内容来源。另外，搜索引擎作为价值链上游的技术渠道，将各类图片网站俘获到其下游，使图片网站成为搜索引擎的内容供应商。所以，共享图片库要不断提升其技术能力，实现渠道的升级能力，以防在价值链中不断被降级。

来自下游电商的压力

第一，来自图片购买者对图片库的压力。图片购买方基本上都是媒体、广告商和传媒企业。由于图片提供方增多，购买方的议价能力逐渐增强。另外，微利图片库不断出现，对传统的图片市场造成巨大冲击。图片市场也将会因为内容的优劣形成各自不同的市场，从而展开立体竞争。

第二，图片共享用户的压力。在共享网站中，用户不但位于共享网站的上游，而且是其下游网站的客户。面对广告商，图片网站也存在二次销售，读者的关注成为二次销售的依据。广告商对共享网站关注度较高，也希望通过共享获得品牌优势。但是广告商面对诸多共享网站，议价能力较强，广告商可以对网络广告的投放提出更精准的要求。

第三，电商的盈利压力。许多共享型网站执行购物导航类的商业模式，即淘宝客模式。下游电商会对图片网站的导入量、点击量、成交率进行结算。由于电商实力雄厚，市场集中度高，电商网站流量较大，其对导航网站的议价能力强，图片共享网站的生存空间较小。

潜在进入者的压力

国内大部分报业集团越来越重视图片内容，都在搜集和整理图片，构建自身的图片库系统。不同地域相同级别的报业集团（例如省级或者地市级）的图片库的大部分内容具有互补作用。在发展的过程中，他们会不断向外地拓展，相互之间形成可替代性的竞争。另外，国家级的图片库都有地方栏目，对各地图片库有很强的替代性，省级媒体对市级媒体的图片库具有潜在的替代性。一般而言，上级报业集团比下级报业集团的图片存量大，内容的区域性范围大，竞争能力强，但是存在的问题是内容的差异化不明显。此外，相同地域的广电集团的图像资料齐全，对报业图片库有较高的替代性。

另外，其他消费类的共享图片库成为主要同业竞争对手。国内共享图片网站主要为女性购物网站，即美丽说、蘑菇街、推糖网、逛街啦、花瓣网等。这些网站的盈利模式大致相同，产品基本一致，网站之间形成了巨大的竞争。它们都主打导购，定位为垂直类社交网站，发展的路线基本相同。目前，这些网站只涉及生活消费类，在能源、制造、通信等行业还没有出现导购网站。

其次，行业类网站也可能成为潜在的竞争者。例如，专注于房地产的搜房网，主打建材行业的美乐乐网，图书行业的当当网，饮食类、消费类的大众点评网，以及综合类消费的淘宝网和京东商城等，这些行业网站汇聚了该行业的大量图片，网站流量大，点击量高。综合类购物网站设置了站内搜索管理，网罗了大量该行业的资讯、照片，并且在网站管理上大量使用互动的方式。网站的更新速度较快，如果该类型网站介入共享图片网站，会在某个行业对新闻图片网站产生巨大冲击，对新闻网站的一些栏目具有很强的替代性。

替代品的压力

腾讯、新浪、网易等大型门户网站有可能成为潜在的替代网站。他们不但有新闻网站的内容支撑，而且有大量的微博、博客等用户生产的内容。用户为门户网站提供了大量的图片，并且这些内容在不断更新。他们对于内容资产的管理能力强、使用新技术的意识强、技术能力较强。他们能组建起强大的新闻图片库存，如果对这些库存内容进行深度开发，将对共享图片网产生巨大的冲击。门户网站虽然具备大量用户生产的内容，但由于采访权的限制，缺少本地正版资源，尤其是媒体记者采访的正版资源。目前，门户网站正在加紧与各地报社、电视台的合作，通过各个击破的方式采取纵向联合，突破困境，构建强大的内容聚合能力。不但如此，门户网站将在图片资源的占领上对各地报业集团图片网形成强大的压力。

另外，微博和微信也都有大量的图片，它们也会成为共享图片网站潜在的替代资源。它们无论是在技术、用户数量、用户管理上都有较强的实力。微博和微信的图片大都来自网民的主动贡献，图片来自全国各地，地域性强，具有草根性。另外，各地的媒体也建立了自己的微博和微信，在微博中上传了大量图片，这些图片具有一定的公信力和影响力。再者，各级政府和部门的微博都有上传的内容，这些图片的舆论引导能力强。微博的图片数量庞大，对共享图片网站构成了强有力的冲击。虽然它们没有开发出以图片为主的垂直类网站，但是它们会成为共享图片网站的潜在替代资源，对共享图片网站造成巨大冲击。

另外，电商也在不断向上游渗透，建设新的替代性网站，以避免对上游的过分依赖。例如，淘宝网虽然需要图片导购这样的淘宝客，但并不希望单个淘宝客掌握这么大的流量，对淘宝网来说这意味着店铺流失的风险。于是淘宝网也加入导购社区的竞争，推出了"一淘发现"和"淘宝顽兔",与美丽说和蘑菇街这样的网站进行竞争。

来自行业内部的竞争

目前新闻类网站的竞争程度低,都处于同质化竞争阶段。各地的图片社、图片网较少。即使有,也因为内容的属地定位,相互之间缺乏竞争。这些图片网即使有相互重叠的内容,也存在内容和定位重叠,而且,内容制作、编辑的差异化不明显,构不成较强的竞争。

上级媒体对下级媒体具有较强的竞争力。尤其是省级媒体在地市的竞争力最强,省级媒体具有较雄厚的资源,可以向各地市级城市派出大量的采编人员,搜集大量的当地内容。这样的图片网站具备较强的竞争实力。这种线下竞争会延伸到线上竞争,其网站的图片内容对本地新闻网的图片栏目形成了较强的竞争优势。

另外,门户网站在与各地相关行业媒体、各地市级媒体联合后,会形成优势资源互补,会对共享图片库构成威胁。展开竞争的图片网和共享图片库必须提高技术含量、提升内容质量、提高对各类摄影师的管理,增强竞争能力。

9 共享型图片网站的发展路径

报业集团的图片资源建设和开发需要经过内部图片库建设、新闻图片网的建设、共享型图片网站建设这三项战略。但是要根据自身的条件，有序地展开。具体路径有以下几个方面。

内容搜集模式的推进

报业集团图片库的发展，需要以自身的图像资源为起点，不断积累图像内容，打造丰富的内容资源库。首先，报业集团有许多子媒体，每个媒体都有大量的图片，报业集团要将集团各个子媒体的图片输入图片库，这是建设图片库的基础内容。其次，将集团图片库的内容导入图片网站，打造图片网站。再次，通过各种渠道聚集设计师、签约摄影师等专业人士，鼓励他们将自己所拍摄的内容贡献出来，导入图片网站，进一步丰富图像资源。复次，鼓励普通受众将自己喜欢的内容上传，实现共享性图片网的建设。在具备一定的经济基础的情况下，可以购买一部分正版、精品和稀有的图片，提升图片的整体质量。最后，对图片内容分类编辑和管理，打造图片的精细化管理。

逐步向同行业推进——合作、联盟

为了解决图片库内容少的问题，需要聚集大量的正版内容，但这些内容都很难获得。为了解决图片库的散乱局面，需要与其他的传媒公司合作，从而生产出专业程度高、内容精良的图片。在共享型图片网站具备一定影响力的情况下，为了扩大用户量，满足用户的社交需求，需要与其他社交网站的账号互通，即打破网站之间的壁垒，实现共赢。例如，2011 年 12 月 Youtube 将用户的账户与"Google +"和 Facebook 关联起来，使用户可以查看好友在分享什么。国内视频网站爆米花网与人人网合作，允许用户在上传视频之后，可以将视频自动同步在人人网的"新鲜事"和"分享"中。

图片盈利模式的制定和逐步推进

图片质量和数量是共享图片库孵化所需要的基本条件，只有图片的数量和质量达到一定程度之后，网站才能够着手制定其盈利模式。首先，制定其广告盈利模式，在网站上插入一定的广告内容；其次，通过图片的淘宝客模式向电商制造流量，成为导购网站；再次，实现内容的多次开发，实现图片的售卖，实现图片内容的增值功能；复次，吸引风投机构的进入，实现图片网站的跨越式增长；又次，从服务于单个用户的网站，转向服务于机构的网站，实现和通讯社、传媒集团、杂志社、广告公司共同建设的网站；最后，实现图片和地理位置服务的结合，建设基于 LBS 的图片交流平台，提高图片的外部价值。

升级为垂直型搜索引擎，占据图片产业链上游

图片内容是共享图片网站的核心，但是在该核心的基础上，扩展渠道功能，实现内容到用户的直达形式。但是在网站发展的过程中，遇到大量的竞争对手，为了避开与同类网站的同质化、同渠道竞争，必须升级渠道功能，将图片的渠道进行优化升级，转向对搜索引擎的开发和管理，在各种图片社之间架设一个上游通道，这在服务功能上具有不可替代的优势。有的网站缺少自采内容，便将自己的网站作为链接，使自己的网站直接连接到各类新闻网站，即在各类新闻网站前面建立一个上游新闻的平台。

图片库的定位不断推进

图片库的不断繁荣和发展是具有阶段性的，需要根据不同的阶段做出不同的战略决策。首先，将图片库内容的定位为集团内部的图片库；其次，从图片库转向图片网站，迈出网络化发展的

步伐；最后，向共享型图片网站进军，并且随着网络发展的趋势，发展更加灵活、更加贴近用户的传播形式。在逻辑上，图片库、图片网和共享图片库是一个逻辑上的递进关系，即用图片库的内容供给图片网，再向共享图片库的方向发展。但是在时间上，三者之间的发展可以同时交叉进行。图片库为共享图片网提供源源不断的推动力，图片网实现图片库的价值，共享型图片库可以为图片库提供多样的内容。图片库是基础，共享图片网是三个项目的引爆点，刺激三个项目内容的急剧增长。图片库的建设是常态化的，是由后台支持的。图片网是新媒体的试点，它能够逐渐发挥图片的作用。共享型图片库则是开放型系统，它虽然能够反哺图片库和图片网。但是共享型图片网所使用的是开放型系统，其管理观念与图片库和图片网有巨大差别，必须在人力资源和管理模式上形成有效的阻断机制。

在内容的定位上，需要找到引爆点，逐步推进。先要从生活休闲类图片入手，向文化、生活等方面推进，然后再向社会栏目推进，最后再向经济、政治等领域延伸。

项目的孵化器和上线

新闻图片库需要较长的孵化期，在孵化期内考核标准都是以内容是否做大、管理是否上台阶、用户数量是否不断增加为主要标准。当孵化期过后，逐渐导入广告，实现内容的逐步盈利，并且在广告和内容产品之间保持一定的平衡。项目完全上线之后，逐渐进行多元价值的开发。

图片库系统向报业集团管理系统的推延

由于图片的盈利能力较文字的盈利能力强，在优先发展图片库的基础上，能实现报业管理系统的升级。依据图片库系统的卓有成效的运营方式，将图片库的管理模式、管理经验推延至采编系统，借以提升采编系统的竞争力。通过图片系统，核定工作量、绩效，以便对人力资源进行有效的管理，实现员工业绩与能力的挂钩，激活员工的积极性。以图片库的量化考核模式为引爆点，实现集团管理系统的数字化、员工考核的数字化、集团管理的程序化，降低内部组织成本。

图片资源是报业集团的优势资源。在图片的采集、整理和管理开发上，报业集团需要根据自身的发展优势，合理开发资源，使图片资源不但成为报业集团发展的一个亮点，也成为报业新媒体转向的试点，不断推动报业集团升级。

参考文献

〔美〕陈小波：《把你的照片换成钱——图片库摄影师的生存之道》，人民邮电出版社，2008。

〔美〕塔瑟尔：《数字权益管理——传媒与娱乐中数字作品的保护与盈利》，王栋译，人民邮电出版社，2009。

王菲：《媒介大融合：数字新媒体时代下的媒介融合论》，广东南方日报出版社，2007。

〔美〕克莱·舍基：《认知盈余：自由时间的力量》，胡泳译，中国人民大学出版社，2011。

〔美〕阿兰·B. 阿尔瓦兰：《传媒经济与管理学导论》，崔保国、杭敏、徐佳等编，清华大学出版社，2010。

喻国明、张小争：《传媒竞争力：产业价值链案例与模式》，华夏出版社，2005。

〔美〕Liana Li Evans：《社会化媒体营销技巧与策略》，王正林等译，电子工业出版社，2012。

〔美〕舍基：《未来是湿的——无组织的组织力量》，胡泳、沈漫琳译，中国人民大学出版社，2009。

〔瑞士〕亚历山大·奥斯特瓦德、伊夫·皮尼厄：《商业模式新生代》，王帅等译，机械工业出版社，2012。

〔美〕克里斯·安德森：《免费：商业的未来》，蒋旭峰、冯斌、璩静译，中信出版社，2009。

〔英〕维克托·迈尔·舍恩伯格、肯尼斯·库克耶：《大数据时代：生活、工作与思维的大变革》，盛杨燕、周涛译，浙江人民出版社，2013。

〔美〕 Douglas K. Van Duyne、James A. Landay、Jason L. Hong：《网站交互设计模式》，孙昕、焦洪译，电子工业出版社，2009。

〔美〕William Poundstone：《无价：洞悉大众心理玩转价格游戏》，闾佳译，华文出版社，2011。

〔美〕卡雷西尔弗：《价值链：运用新技术和互联网改进业绩》，潘勇、宋涛、黄建军译，经济管理出版社，2004，第192页。

〔美〕杰夫·豪：《众包——群体力量驱动商业未来》，牛文静译，中信出版社，2011。

〔加拿大〕唐·泰普斯科特、〔英〕安东尼·D. 威廉姆斯：《维基经济学——大规模写作如何改变一切》，何帆译，林季红审校，中国青年出版社，2012。

王效海、王滢：《摄影师与商业图片库》，中国摄影出版社，2000。

张文霖：《谁说菜鸟不会数据分析》，电子工业出版社，2011。

〔美〕威廉·庞德斯通：《无价：洞悉大众心理玩转价格游戏》，闾佳译，华文出版社，2011。

高勇：《啤酒与尿布：神奇的购物篮分析》，清华大学出版社，2008。

张红雨、孙欢：《SNS营销：网商成功之道》，电子工业出版社，2011。

赵忠东、杨庆丰、曾勇：《"魔"式为王：赢在移动互联网时代》，电子工业出版社，2012。

涂子沛：《大数据：正在到来的数据革》，广西师范大学出版社，2012。

Burt Ponald S, *Structural Holes the Social structural of Competition*, (Cambridge MA：Harvard University Press，1992).

论 文

〔美〕卡里·斯皮瓦克:《报纸的新拥有者》,杨晓白编译,《青年记者》2013 年 2 月上旬。

中国电子商务研究中心:《2012 年美国杂志数字广告收入预测》,中国新闻出版网,http://www.chinaxwcb.com/2012 - 10/15/content_ 253833. htm。

岂凡:《访美国社区报研究专家 Jock Lauterer》,《传媒》2010 年 10 月。

程晓筠:《Narrative Science 软件将让记者失业?》,《外滩画报》2011 年 10 月 27 日,第 461 期,http://www.bundpic.com/2011/10/16257. shtml。

旷文琪、林宏达:《手机巨人为何倒下?——100 分的输家诺基亚》,《商业周刊》2011 年第 1233 期。

《CFP:图片银行要上市》,《创业家》2012 年第 5 期,http://shijue.me/show_ text/4ffed7faac1d840d90006f0d。

郭坦:《图片产业是文化创意产业核心体现》,《竞报》2006 年 12 月 13 日。

任志安:《企业网络:一种跨企业界面的知识共享组织》,《生产力研究》2006 年第 1 期。

周文海:《开放知识资源的共享组织和应用研究》,硕士学位论文,东华大学,2010。

周文杰:《新华社广东图片总汇运营模式创新研究》,硕士学位论文,华南理工大学,2010。

刘琴:《数字化背景下报纸内容的生产和管理》,博士学位论文,武汉大学,2010。

卜新章:《用网络图片库促进媒体对图片的运用》,《新闻知识》2005 年 11 月。

熊晓绚:《新华报业传媒集团图片库建设初探》,《传媒观察》

2012 年第 5 期。

王效海:《商业图片库——摄影图片与市场的桥梁》,《电子出版》2003 年第 6 期。

张盈秀:《新技术对于行业商业模式的影响——以商业图片库行业发展为例》,《商品与质量》2011 年第 S1 期。

游茹蛟:《四川遂宁日报图片信息管理系统的设计与实现》,硕士学位论文,电子科技大学,2011。

薛辉:《报社图片管理系统改进与实现》,硕士学位论文,北京邮电大学,2007。

钟锐:《基于语义的图像检索系统基础技术研究》,硕士学位论文,重庆大学,2012。

周文杰:《新华社广东分社图片产业化发展模式研究》,硕士学位论文,华南理工大学,2010。

柴继军:《图片产业的发展途径》,《竞报》2006 年 12 月 13 日,http://news.sina.com.cn/c/2006 - 12 - 13/170211781568.shtml。

苌苌:《Corbis:国际网络图片运营商的中国期望》,《经济观察报》2005 年 6 月 4 日。

黄一凯:《处理的"真实"和真实的处理》,《中国摄影报》2012 年 3 月 13 日,第 1 版。

翟铮漩:《财经类图片的困境与应对策略》,《中国记者》2011 年 9 月。

宋晓刚、王海燕:《数码时代,图片编辑面临的新课题》,《中国摄影报》2010 年 6 月 22 日,第 3 版。

贺璐:《图片库市场研究:Getty Image 何以成功》,《新财富》2007 年 3 月 21 日。

黄一凯:《让用户更方便地检索图片 标签游戏:玛格南营销新手笔》,《中国摄影报》2011 年 3 月 15 日,第 1 版。

赵文君:《图片媒体的数字化商业模式——以盖蒂图片社为

例》，《中国记者》2009 年第 1 期。

刘学英、苏浩军：《也谈全媒体时代新闻图片的生产与经营》，《中国记者》2010 年 9 月。

张富汉：《构建现代报纸图片新闻运作体系》，《新闻战线》2002 年第 2 期。

何宇欣、张旭泉：《〈新京报〉和〈今日美国〉图片视觉传播策略比较》，《今传媒》2011 年第 5 期。

徐和德：《建议图片库对摄影师标识诚信级别》，《新闻记者》2009 年第 9 期。

RD 编译《一天能卖 2000 张照片的秘诀》，《影像视觉》2011 年第 4 期。

东晓：《绿叶还需红花衬——记数字微付费图片》，《影像视觉》2007 年第 2 期。

王利卿、鲜虹、于向前：《深圳报业集团图片管理系统建设》，《中国报业》2005 年 7 月。

华威：《数码时代的图片检索》，《中国摄影家》2011 年 9 月。

朱颜：《图片维权网站：有问题交给第三方》，《中国摄影报》2012 年 4 月 6 日，第 001 版。

宋培义、王立秀：《基于数字媒体资产开发的电视内容产业价值链构建》，《电视研究》2011 年第 5 期。

辛红：《揭秘最大图片公司"维权模式"》，《荆门晚报》2010 年 8 月 27 日。

《中华人民共和国著作权法》，2010 年 2 月 26 日第十一届全国人民代表大会常务委员会第十三次会议。

侯建江：《照片署名权可交由他人"管理"》，《中国摄影报》2010 年 8 月 10 日，第 2 版。

宋晓刚、朱颜：《天价照片：空中楼阁还是实至名归？》，《中国摄影报》2012 年 6 月 26 日，第 1 版。

贺璐：《图片库市场研究：Getty Image 何以成功》，《新财富》

2007 年 3 月 21 日。

李帅:《全景携手腾讯再创"网络图片定制服务"新巅峰》,《广告人》2007 年第 9 期。

曹莉欣:《网络图片社的渐进渗透式发展》,《今传媒》2006年第 12 期。

刘英奎、李莹:《竞园:亚洲首家图片产业基地》,《时代经贸》2011 年第 3 期。

黄硕:《照搬照片绘制油画 法院判定构成侵权》,《人民法院报》,2012 年 7 月 16 日,第 6 版。

《摄影师状告画家称其侵权 照片油画高度相似》,《法制晚报》2012 年 1 月 3 日。

黄一凯、朱颜:《摄影原作及其版本和价值争辩》,《中国摄影报》2012 年 4 月 24 日,第 1 版。

魏炜:《浅谈中国图片产业的上升空间》,《中国摄影家》2008年第 4 期。

云舒、黄一凯:《20 X 200:艺术品市场的新模式》,《中国摄影报》2012 年 8 月 7 日,第 1 版。

张越:《竞园:从棉麻仓库到中国图片产业链条整合者》,《中关村》2012 年 1 月。

丛匀:《图片生意算不算一桩好买卖》,《影像视觉》2007 年第 1 期。

《第三届中国图片产业发展论坛观点撷萃》,《中华新闻报》2008 年 12 月 31 日,http://news.xinhuanet.com/zgjx/2008 - 12/31/content_ 10586634.htm。

周彧:《欧洲新闻图片社结盟考比斯——图片产业版图再出变数》,《中国摄影报》2005 年 8 月 5 日,第 1 版。

《走近中国的世界图片行业巨人》,《新闻周报》2007 年 7 月28 日。

陈国权:《新媒体需要新思维——北京报纸网站发展思路解

析》，《中国记者》2010 年第 8 期。

《移动互联网已占全球互联网流量 12%》，搜狐 IT 信息，http：//www. techweb. com. cn/data/2012 – 09 – 19/1238576. shtml。

PhotographersIndex. com 网站，http：//www. photographersindex. com/price-ed-calc. htm。

《数据显示 53% 用户使用手机拍照 日上传峰值突破 3. 6 亿张》，腾讯 QQ 空间，http：//www. 199it. com/archives/61916. html。

《调查显示 2013 年 2 月有 15% 的美国互联网用户访问 Pinterest》，http：//www. 199it. com/archives/94802. html。

陈小蒙：《错过移动战略、社交战略，不要再错过图片战略了》，http：//www. 36kr. com/p/91781. html? utm ＿ source ＝ krweeklyw68e。

《2012 年全球社交网络的用户将达到 15 亿人》，199IT，http：//www. 199it. com/archives/25560. html。

《亚太地区社交网络发展情况》，199IT，http：//www. 199it. com/archives/41377. html

《美国视觉社交网站 Pinterest 访问量半年增长 40 倍》，http：//www. 199it. com/archives/21159. html。

Cashcow：《为什么 Pinterest 产生的订单流量更多》，IT 经理网，http：//www. ctocio. com/internet/6623. html。

《Pinterest 月独立用户访问量 9 个月破千万创纪录》，转引自新浪科技，http：//tech. sina. com. cn/i/2012 – 02 – 08/10206696787. shtml。

《iPhone 4（可能早）已成为最热门的相机》，199 IT 互联网数据研究资讯中心，http：//www. 199it. com/archives/11938. html。

《中国移动手机摄影节简介》，http：//live. monternet. com/pysheying/dsjs. jsp。

郑大海：《山西移动培育图片产业价值链》，《通信产业报》

2011 年 8 月 29 日，第 6 版。

钟智锦：《社会网络服务与用户社会资本探析》，《当代传播》2011 年第 6 期。

李彦宏：《中国互联网的三大机会》，http：//tech. sina. com. cn/i/2011 - 04 - 12/09485394006. shtml。

宋晓刚：《智能手机引发摄影社交热》，《中国摄影报》2011 年 6 月 17 日，第 1 版。

《小探视觉社交网站商业模式和崛起原因》，http：//www. chinaz. com/special/pinterest/。

李楠：《美丽说和蘑菇街：一个向左一个向右》，新浪科技，http：//tech. sina. com. cn/i/2012 - 04 - 18/10216976005. shtml。

王雎：《开放式创新下的占有制度：基于知识产权的探讨》，《科研管理》2010 年 1 月。

宋晓刚：《社交网站照片版权的是与非——从丹尼尔·摩尔海地地震图片被侵权说起》，《中国摄影报》2010 年 12 月 31 日。

关尔：《海地地震图片侵权案有新进展》，《中国摄影报》2011 年 1 月 11 日，第 1 版。

《的照片我来卖！Instagram 不会给你一分钱》，腾讯科技，http：//tech. qq. com/a/20121218/000170. htm。

王迁：《超越"红旗标准"——评首例互联网电视著作权侵权案》，中国知识产权研究网，2012 年 2 月 29 日。

王光文：《论视频网站 UGC 经营者的版权侵权注意义务》，《国际新闻界》2012 年 3 月。

汪和建：《人际关系与制度的建构：以〈金翼〉为例证》，社会学研讨会，2002。

张强：《病毒式网络传播特点及一般规律》，《当代传播》2012 年第 2 期。

《兴趣图谱将改变社交网络及未来的商业》，http：//www. 199it. com/archives/24788. html。

陈超：《花瓣网与堆糖网产品分析报告》，内部资料。

李国杰：《大数据研究的科学价值》，《中国计算机科学通讯》2012年9月。

邓丽娟：《大数据时代亟需技术革新》，《中国联合商报》2012年5月28日，第A02版。

向霜：《蘑菇街增长关键：快速试错 数据决定商品排序》，腾讯科技，http：//tech. qq. com/a/20120424/000196. htm。

何玺：《Pinterest：制造造视觉购买力》，《商界·评论》2012年7月。

周锦：《Facebook——网络社交大佬的兴起》《媒介》2011年12月。

《啡巨头星巴克的O2O实践及启示》，http：//www. 199it. com/archives/106400. html。

《Facebook"金山"盈利模式趋向多元》，《互联网周刊》。

邵文杰：《蘑菇街盈利模式分析》，http：//www. seowhy. com/u/semcool/8164. html。

何玺：《Pinterest：制造造视觉购买力》，《商界·评论》2012年7月。

陈柳同：《传统媒体与社交网络服务的融合》，《新闻世界》2011年第12期。

王江：《一淘网推类Pinterest购物社区社交电商扎堆陷同质化竞争》，《通信信息报》2012年3月21日，第B12版。

李研珠：《移动端流量占10% 将推垂直应用》，新浪科技，http：//tech. sina. com. cn/i/2012 – 05 – 10/18157090893. shtml。

张辉锋：《媒业中的规模经济与范围经济》，《国际新闻界》2004年6月。

Anders Hansen, David Machin, "Visually branding the environment: climate change as a marketing opportunity," *Discourse Studies*, No. 10, 2008, p. 777.

Colin Coulson Thomas, "Developing and supporting information entrepreneurs," *Career Development international*, 2001.

Kim McNamara, "The paparazzi industry and new media: The evolving production and consumption of celebrity news and gossip websites," *April International Journal of Cultural Studies*, No. 8, 2011.

Nagaraj V. Dharwadkar, B. B. Amberker, Avijeet Gorai, "Non-blind Watermarking scheme for color images in RGB space using DWT-SVD," *IEEE*, 2011.

Boyd Danah, Ellison Nicole, "Social Network Service: Definition, History, and cholarship," *Journal of Computer-Mediated communication*, Vol. 13. issue, 2007, pp. 210 – 230.

Paul Heelas, "Work Ethics, Soft Capitalism and The 'Turn to Life'," from Culture Economy Cultural Analysis And Commercial life, Paul Du Gay and Michael Pryke eds. , SAGE Publications.

Jonathan Furner, "Digital images in libraries: an overview," *VINE*, Volume 27, issue 3, 1997.

后　记

　　本书是在我的博士后出站报告的基础上修改而成的。报业集团在发展的过程中，面临新媒体的挤压和发展环境的变化。报业求变、求创新的动力越来越强，报业集团先后经历了试水网站、报网融合、移动化发展等阶段。在发展的过程中，新的发展形式层出不穷，以后还将出现一系列眼花缭乱的形式，但是报业内容资源管理和开发是报业集团的核心竞争力。

　　在研究工作中，我认识了不少传媒业精英，走访了报业集团的许多部门，调研了许多报业集团。本研究力图在学界和业界之间搭起桥梁，探索报业的新媒体发展方向，寻找新闻与传播学发展的新路径。

图书在版编目（CIP）数据

报业转型与图片资源开发／党西民著. －－北京：
社会科学文献出版社，2017.8
ISBN 978－7－5201－0888－1

Ⅰ.①报… Ⅱ.①党… Ⅲ.①报业－企业集团－企业
发展－研究－深圳②图片－资源开发－研究－深圳 Ⅳ.
①G219.246.53②G255.71

中国版本图书馆 CIP 数据核字（2017）第 126843 号

报业转型与图片资源开发

著　　者／党西民

出 版 人／谢寿光
项目统筹／谢蕊芬
责任编辑／谢蕊芬　王蓓遥

出　　版／社会科学文献出版社·社会学编辑部（010）59367159
　　　　　地址：北京市北三环中路甲 29 号院华龙大厦　邮编：100029
　　　　　网址：www.ssap.com.cn
发　　行／市场营销中心（010）59367081　59367018
印　　装／三河市尚艺印装有限公司

规　　格／开　本：787mm×1092mm　1/16
　　　　　印　张：16.5　字　数：220 千字
版　　次／2017 年 8 月第 1 版　2017 年 8 月第 1 次印刷
书　　号／ISBN 978－7－5201－0888－1
定　　价／79.00 元

本书如有印装质量问题，请与读者服务中心（010－59367028）联系